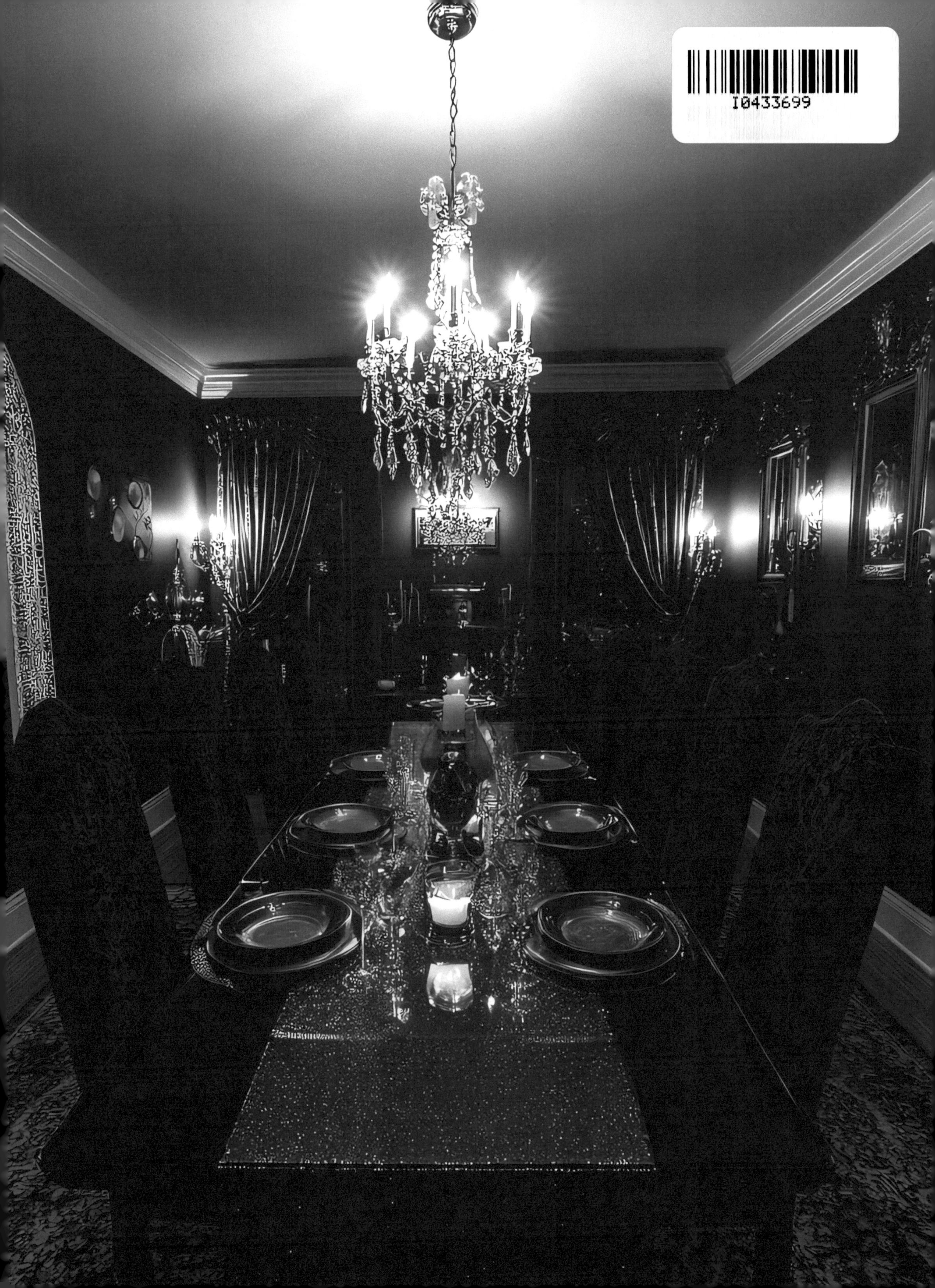

I0433699

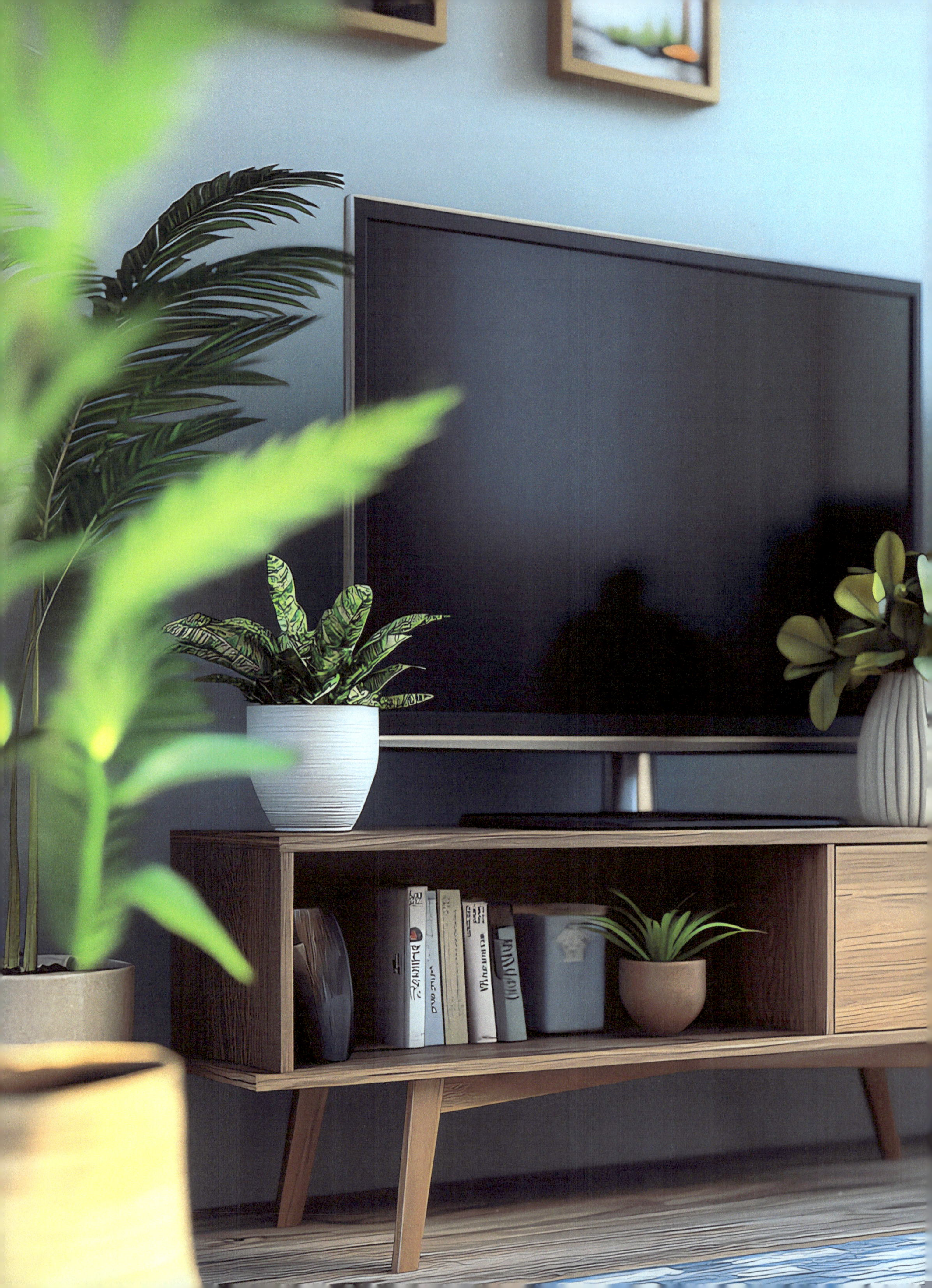

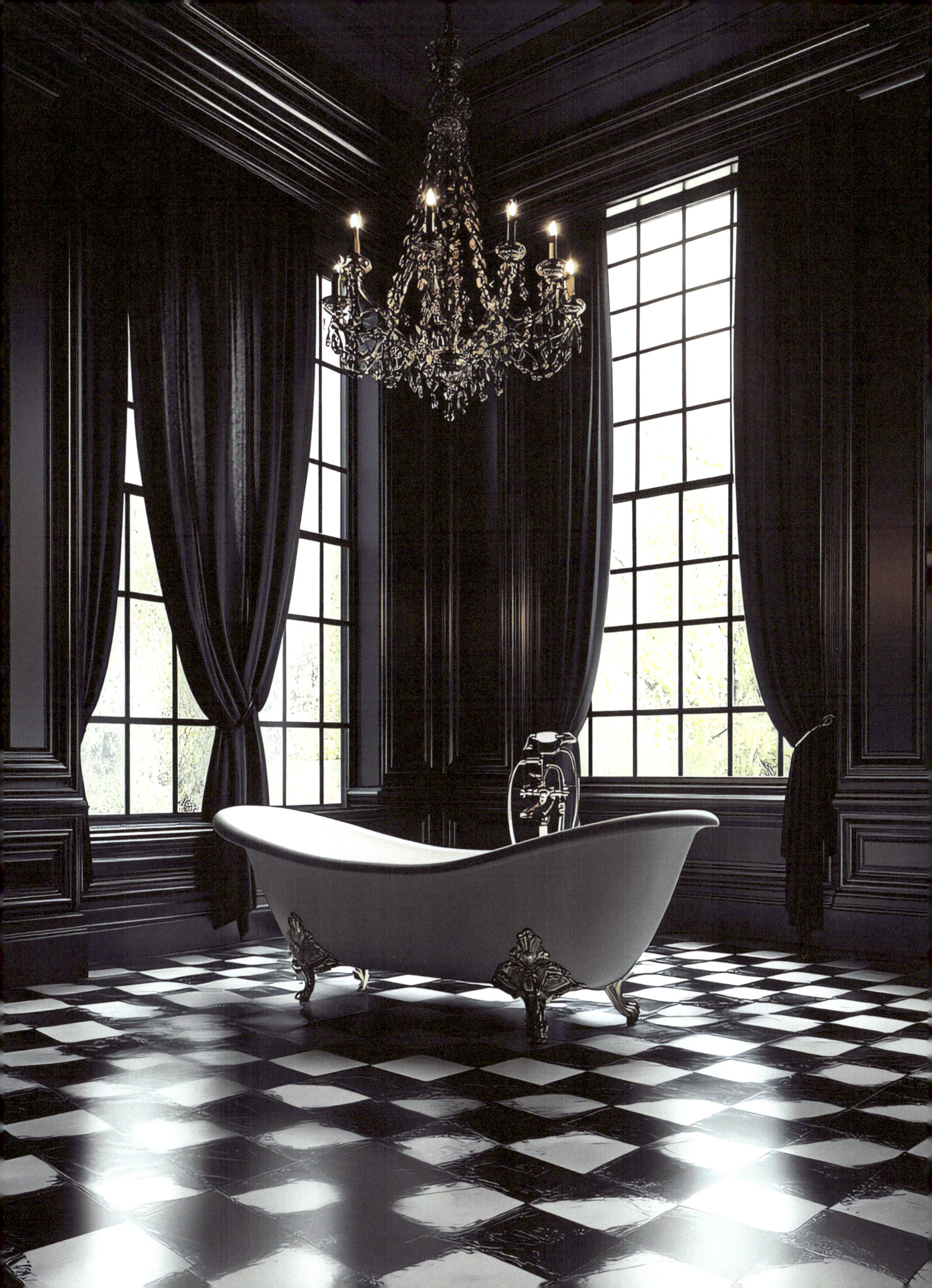

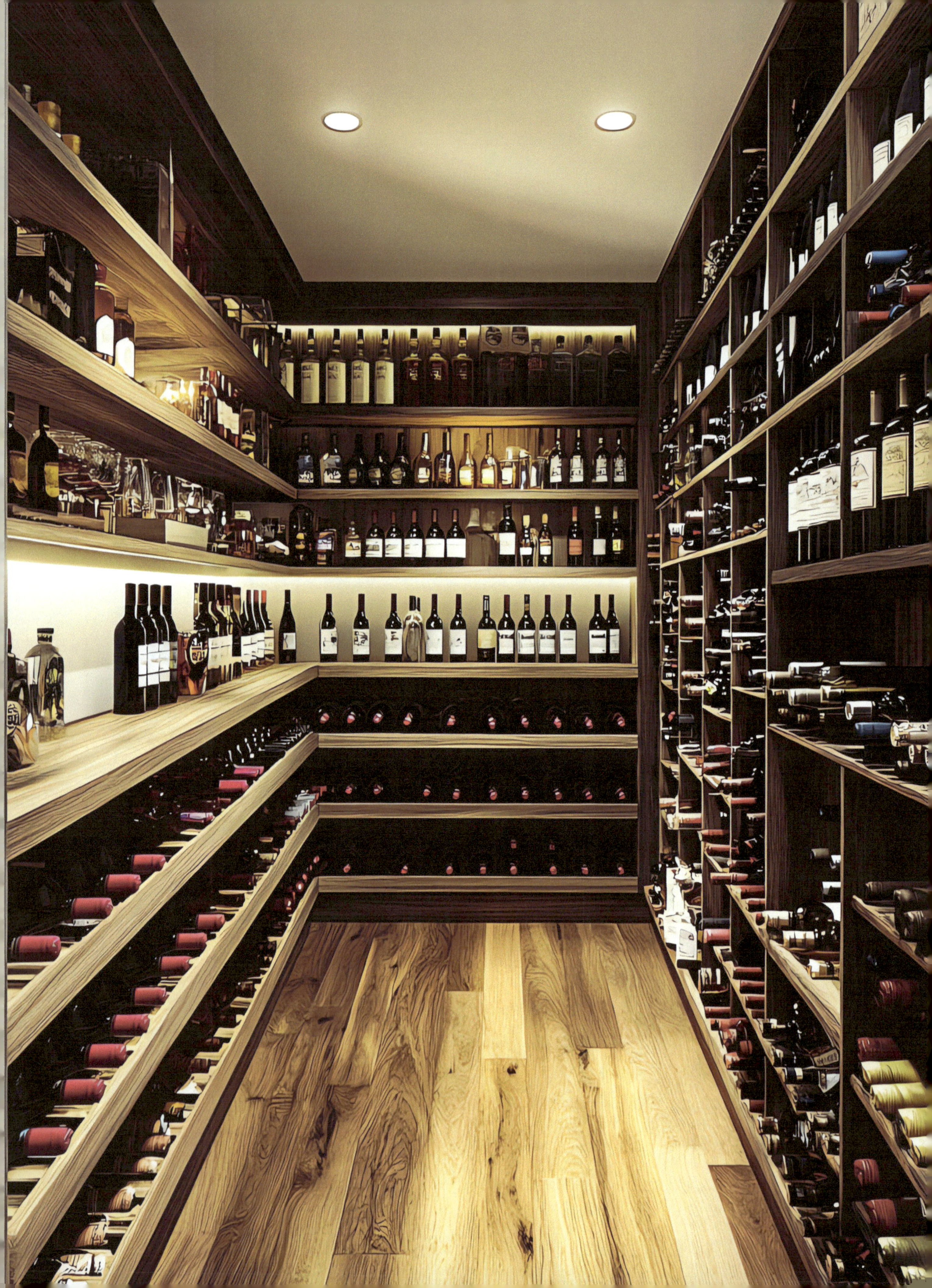

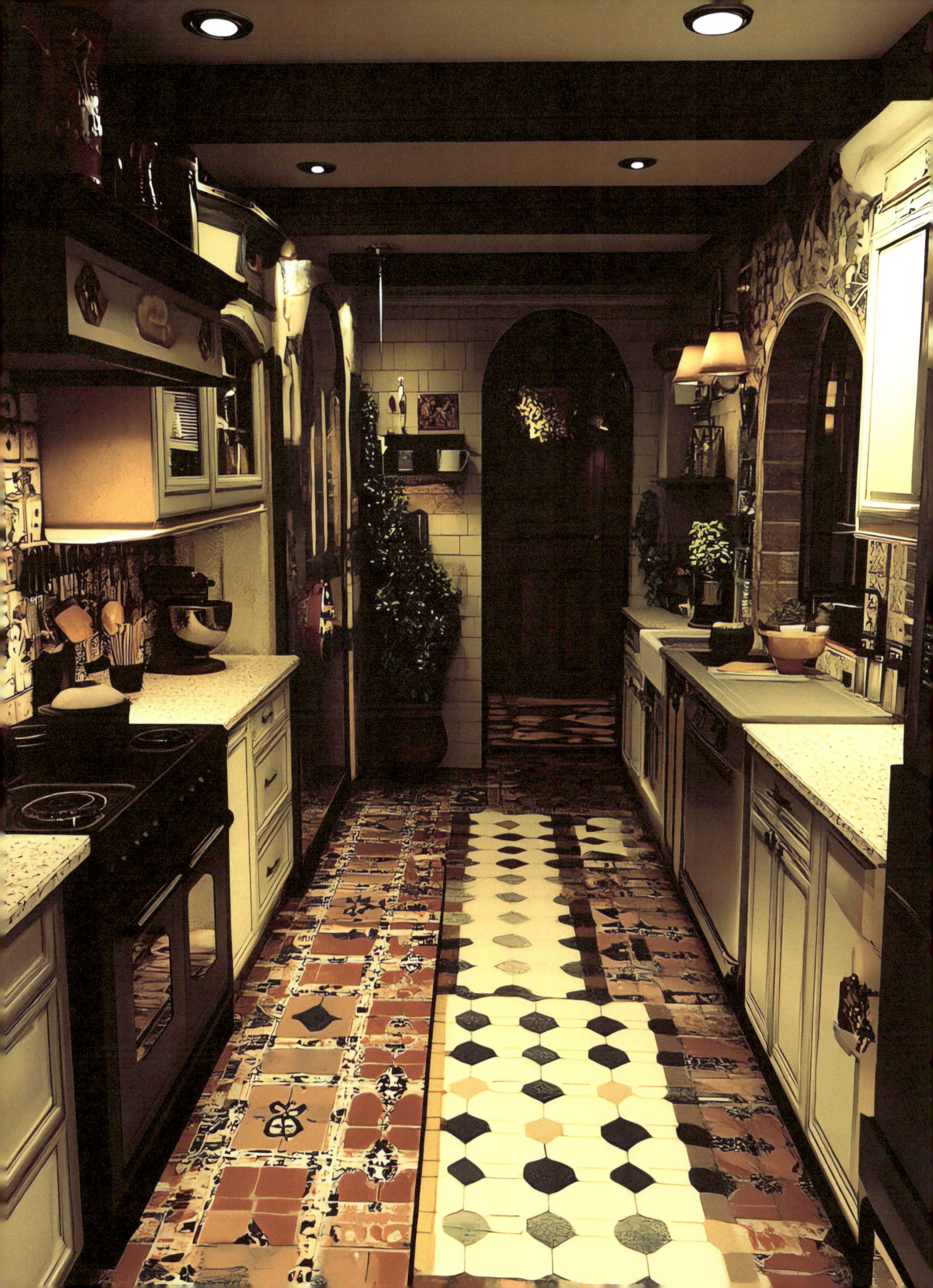

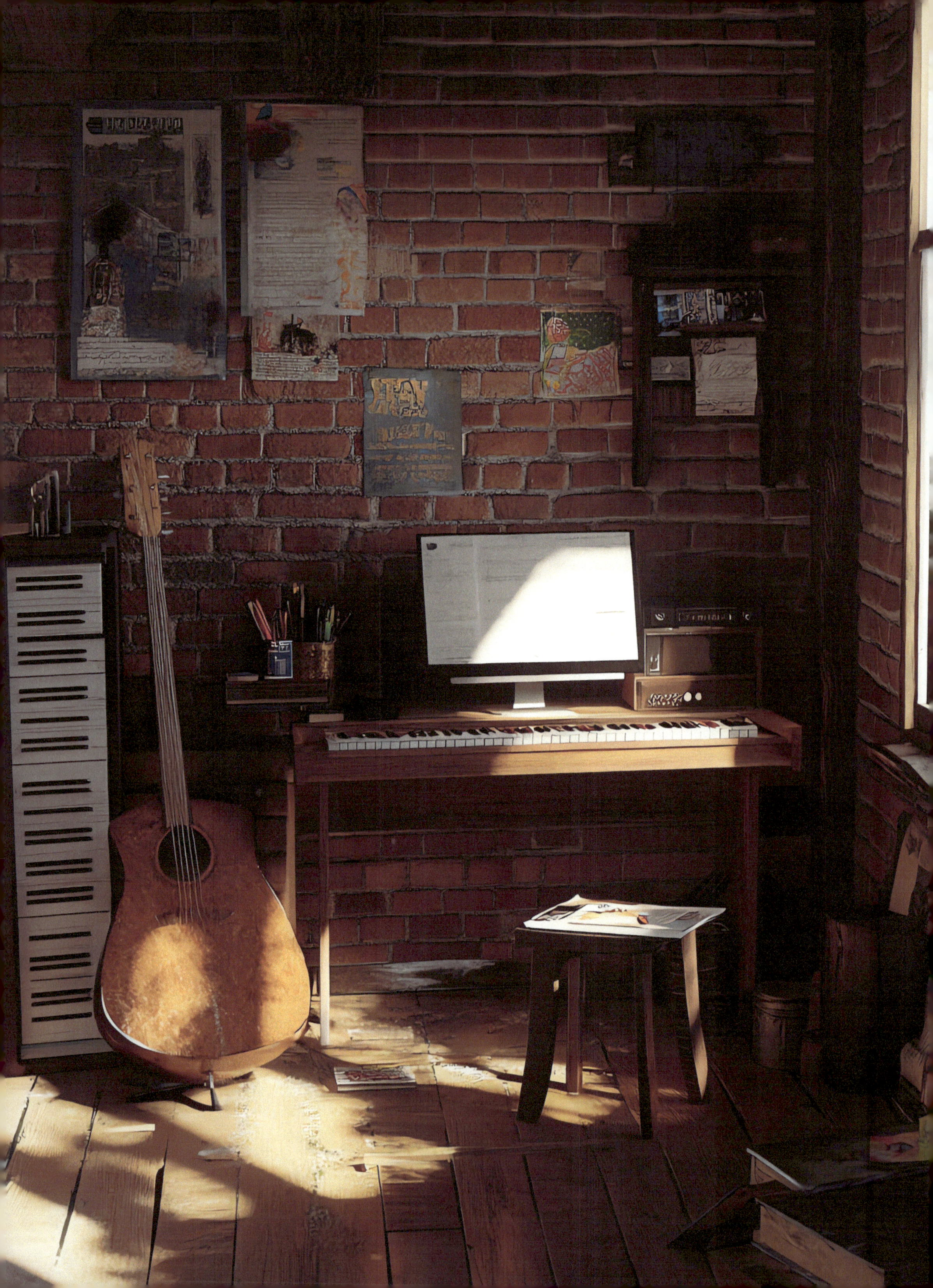

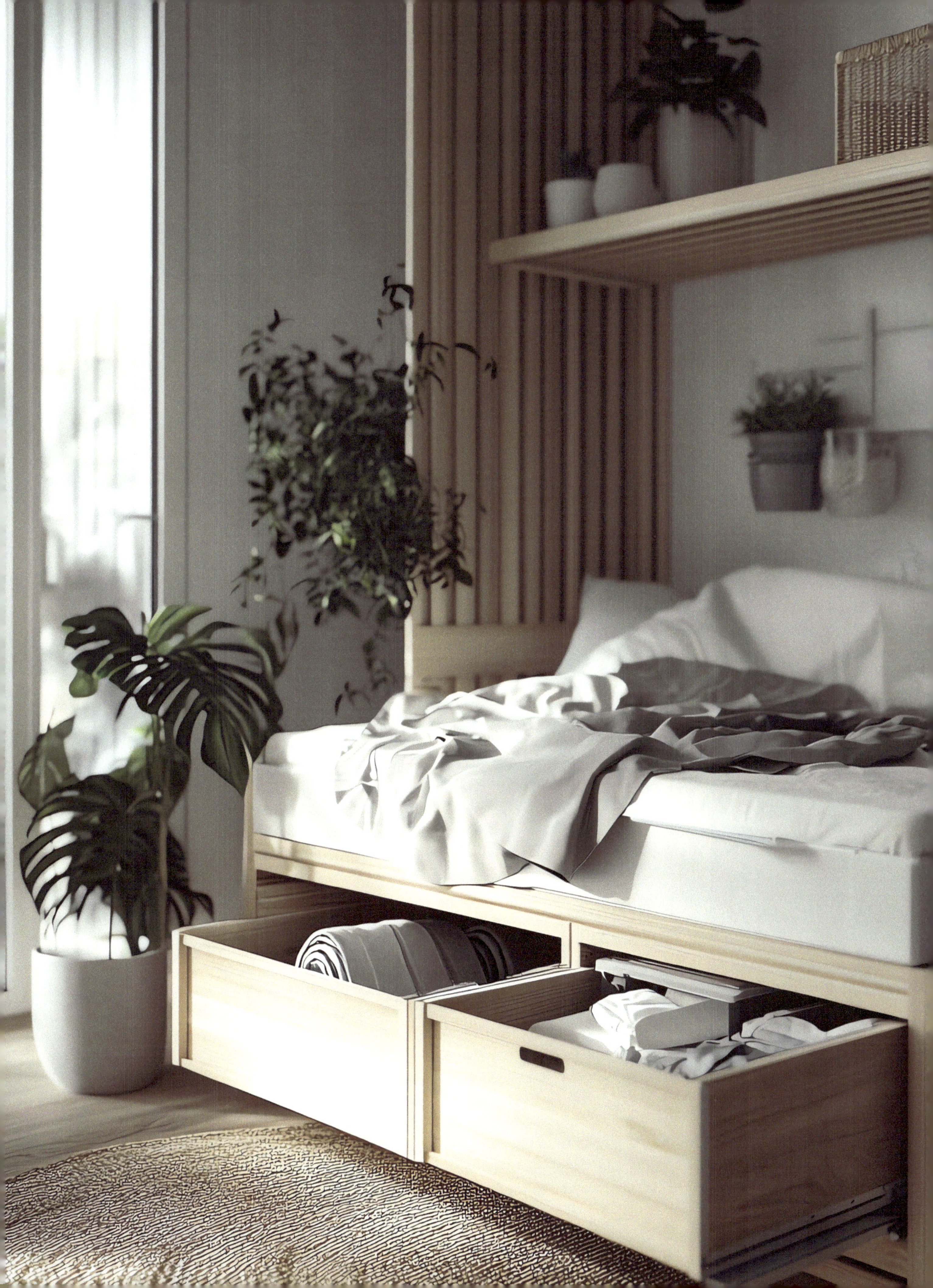

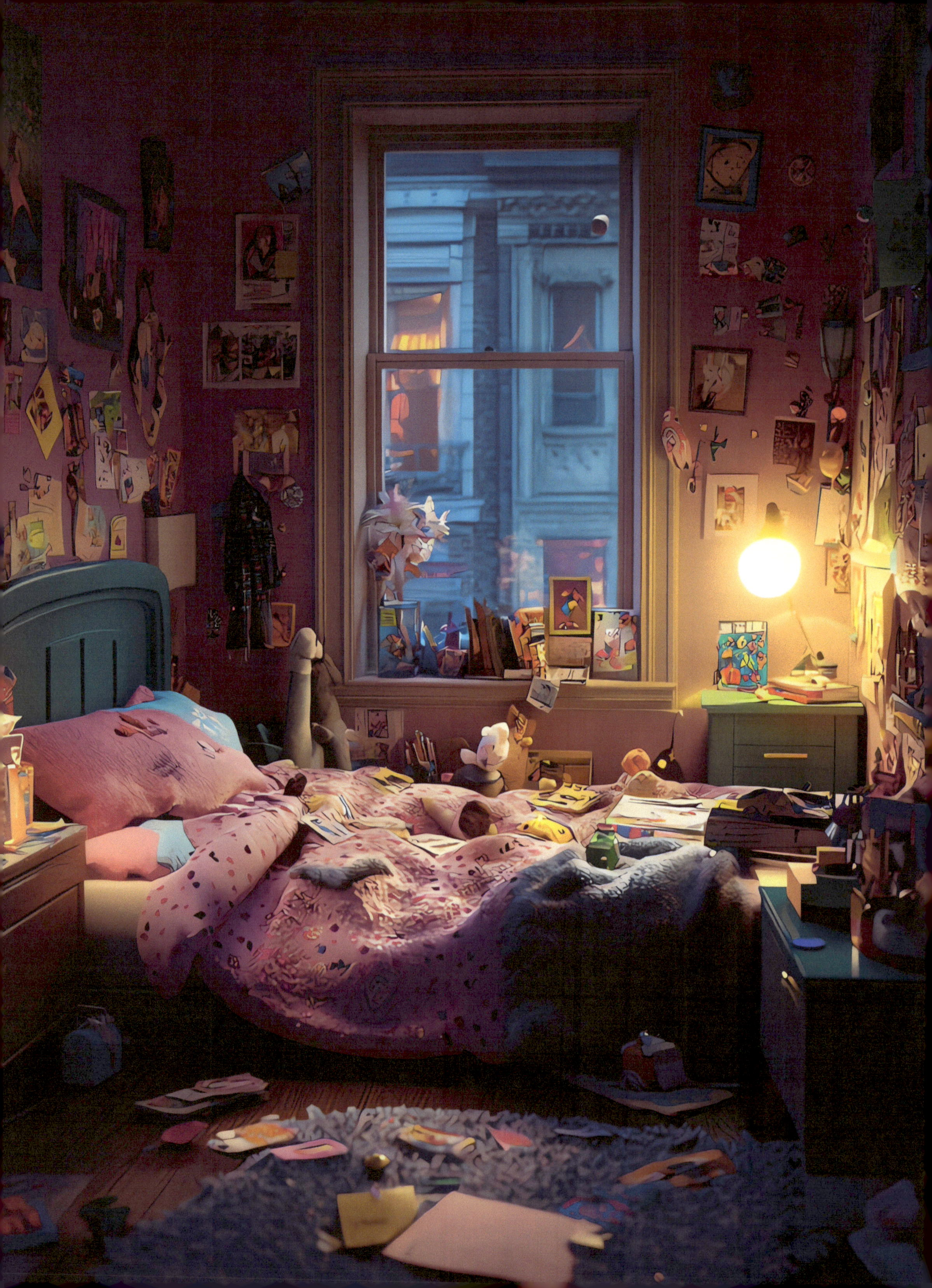

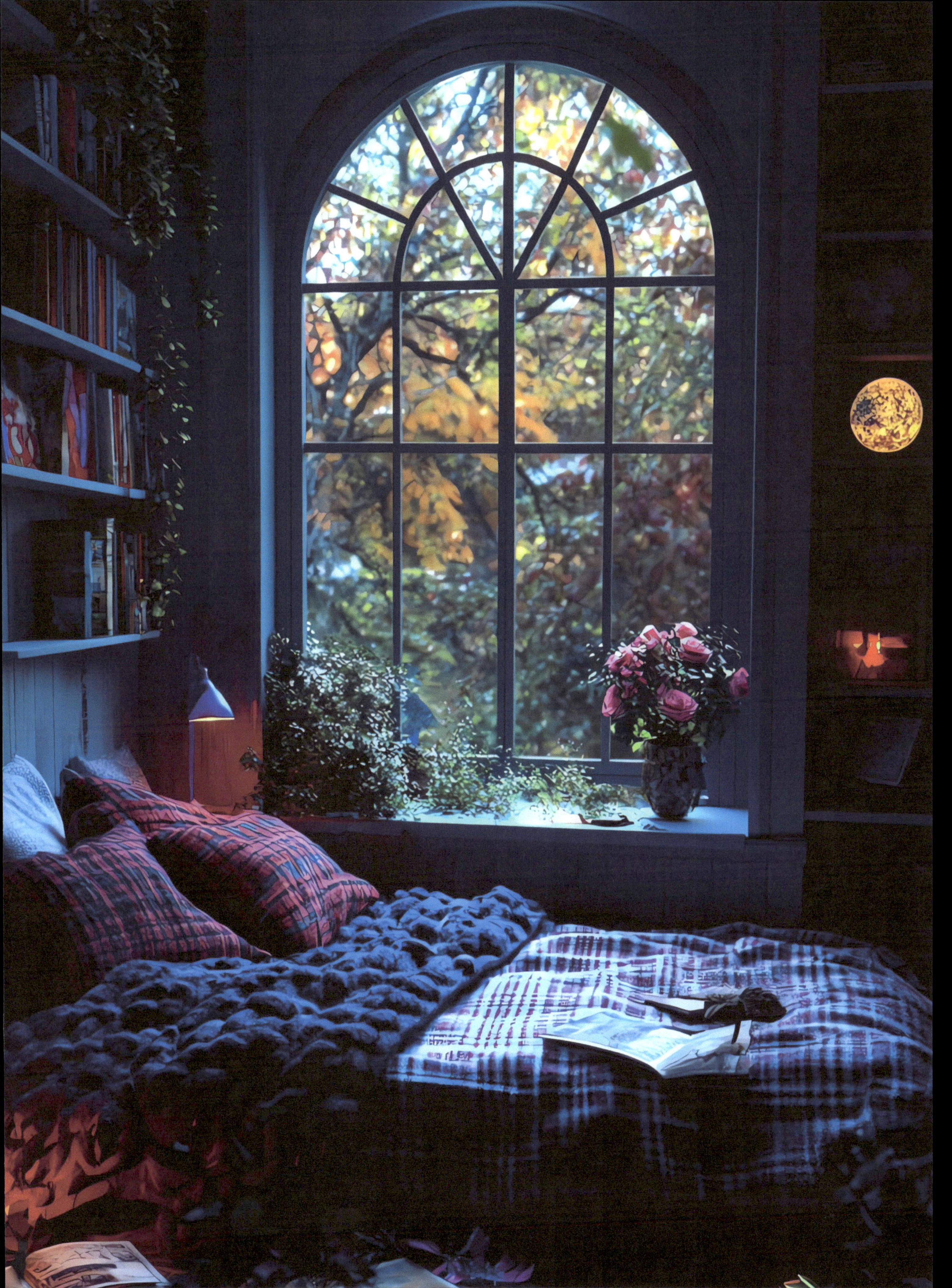

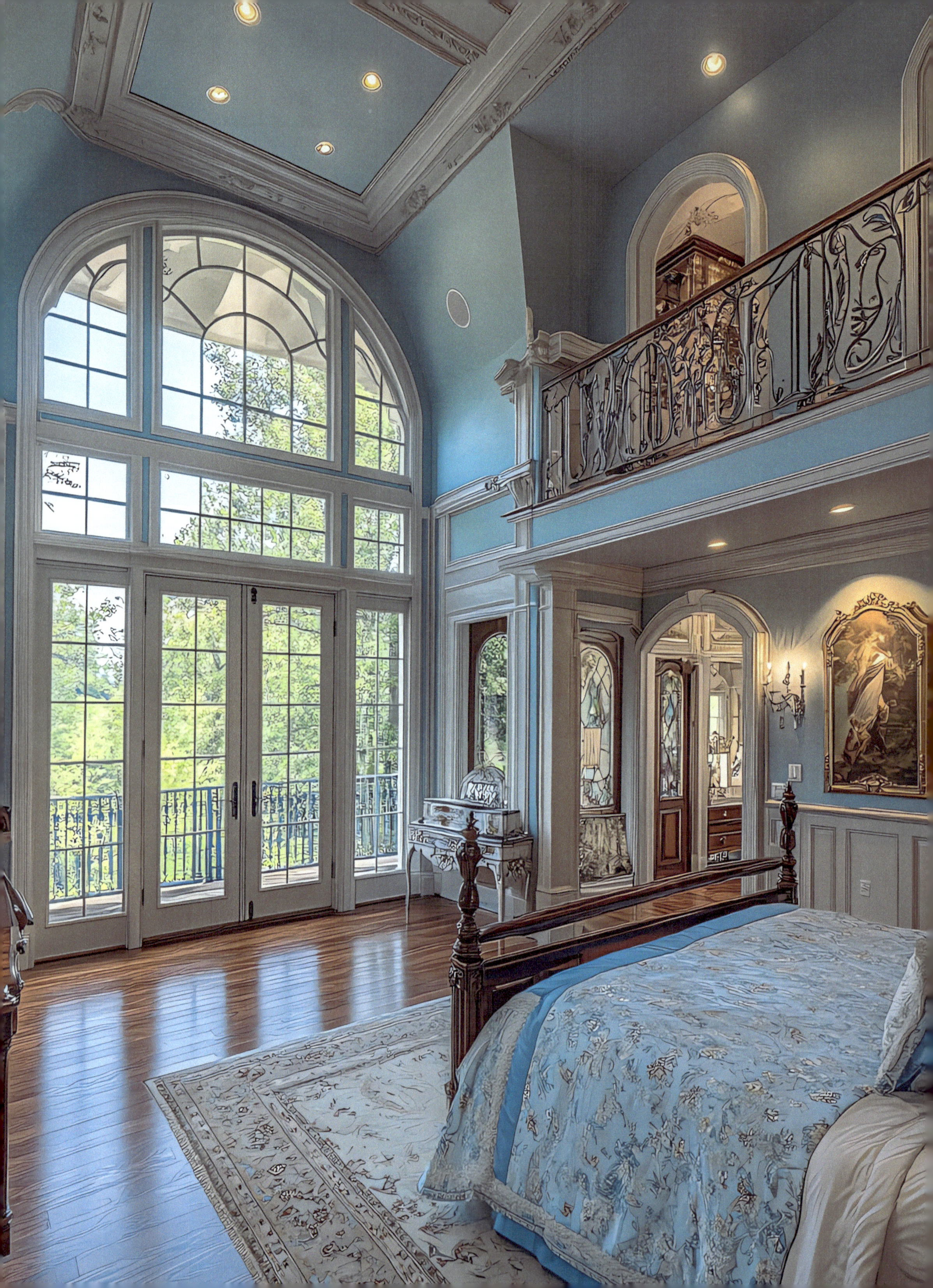

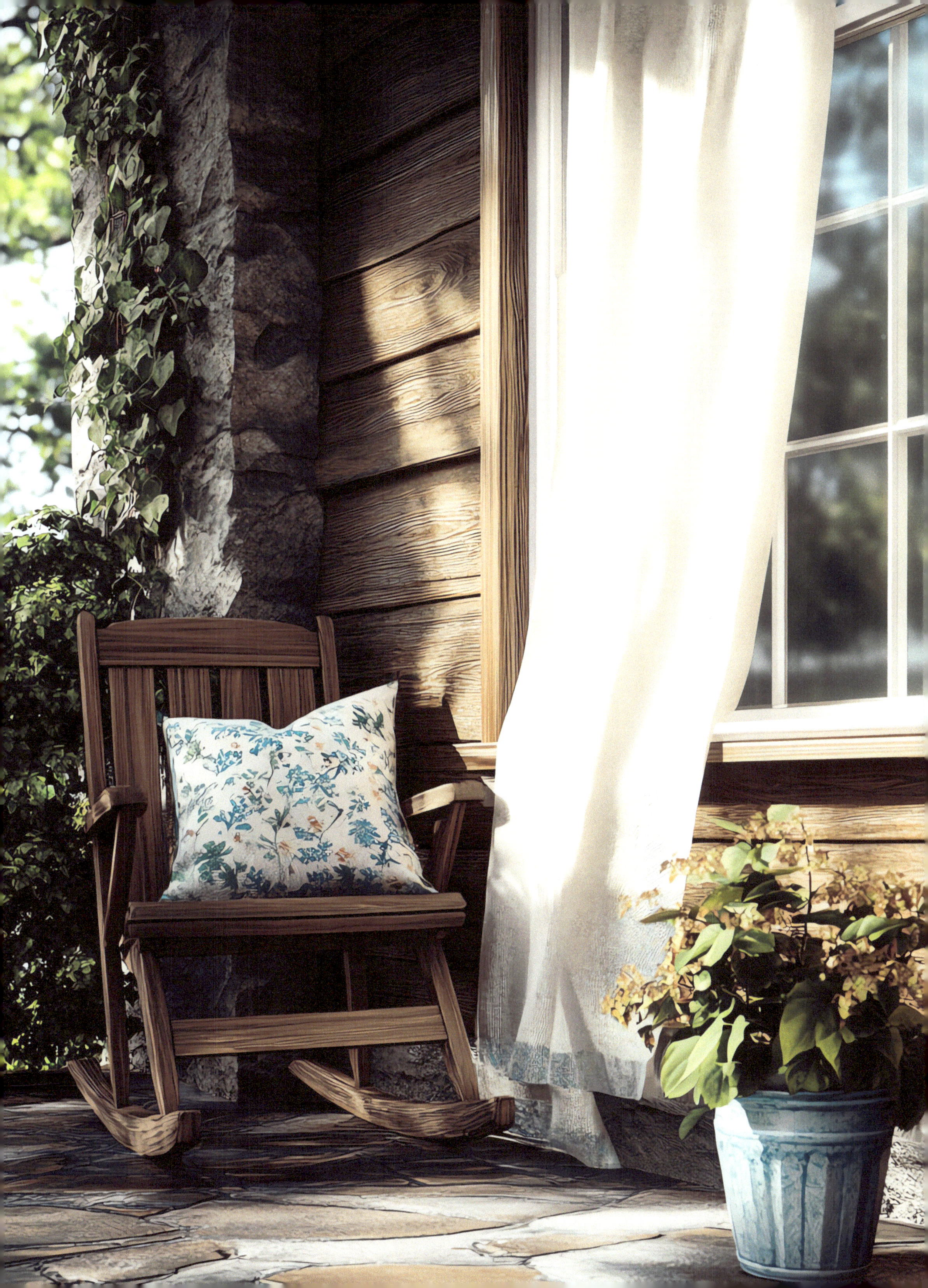

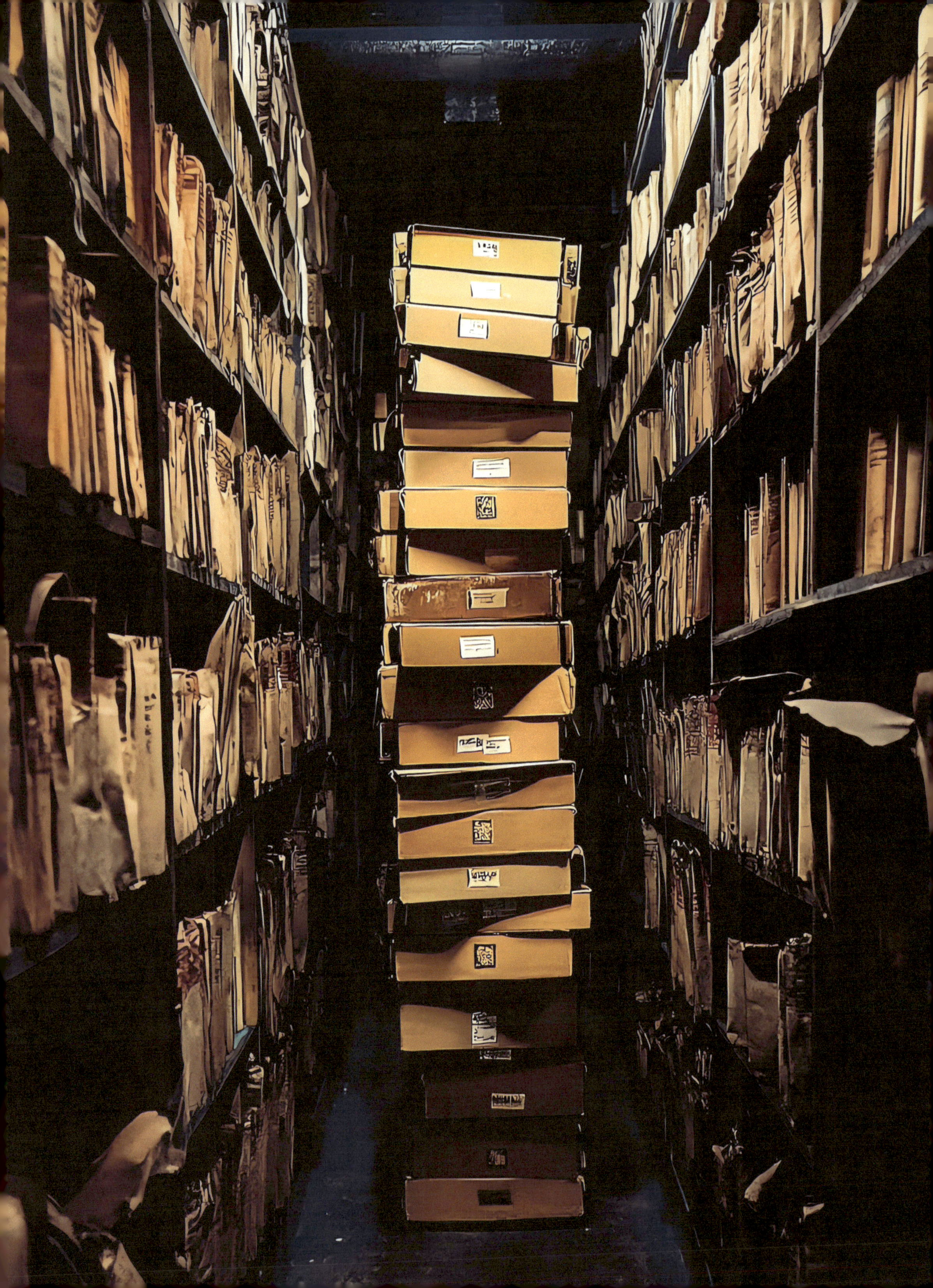

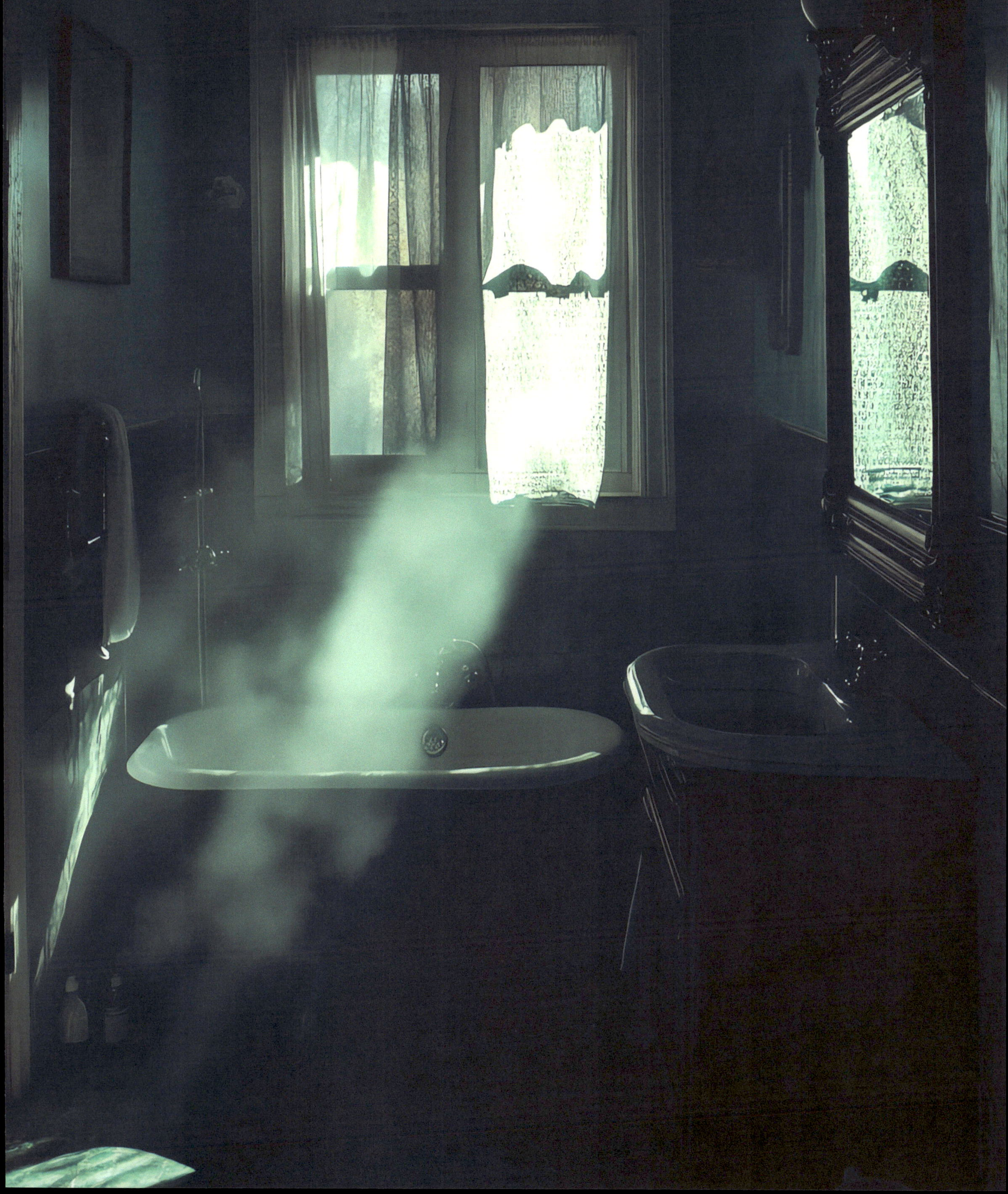

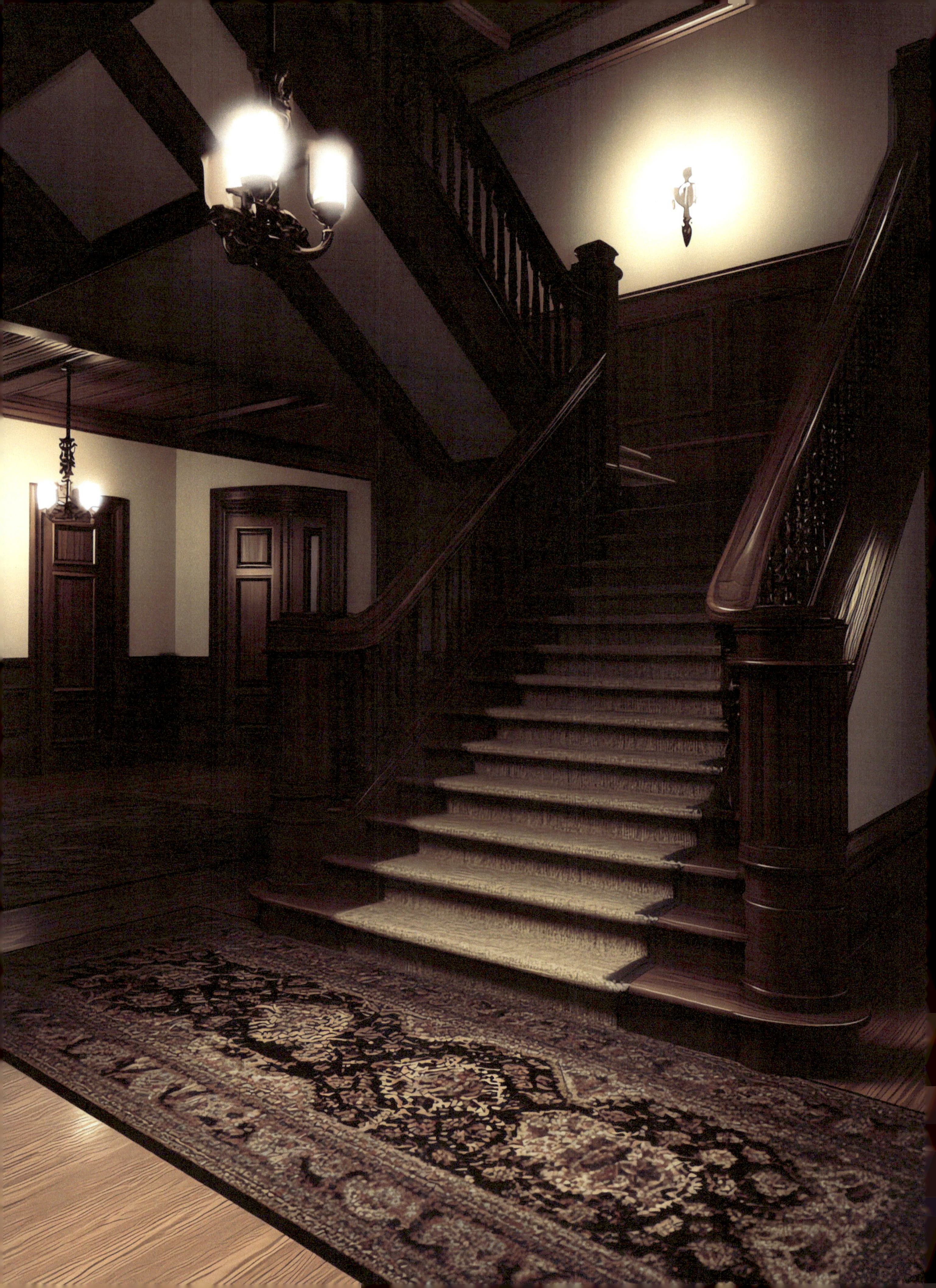

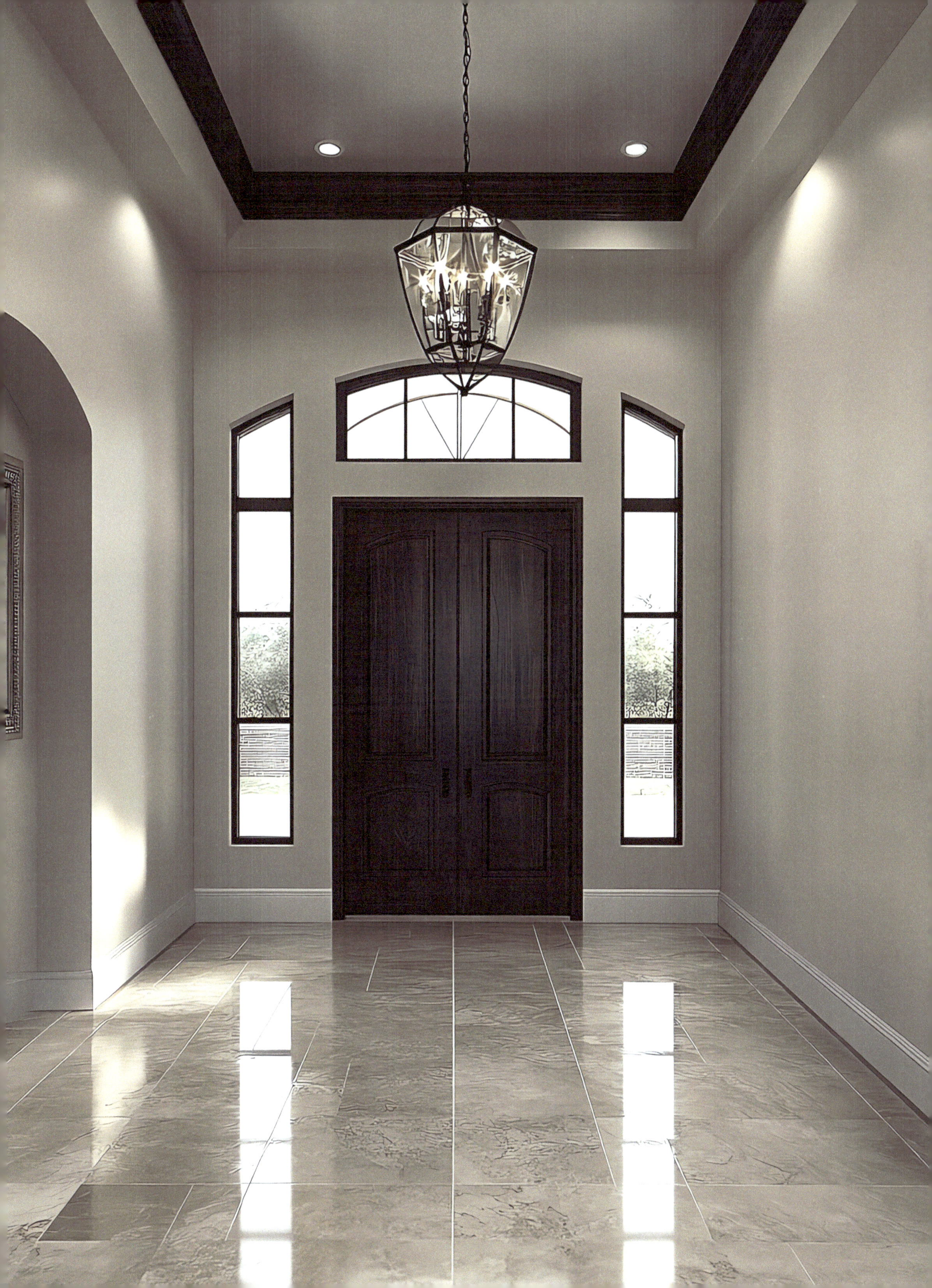

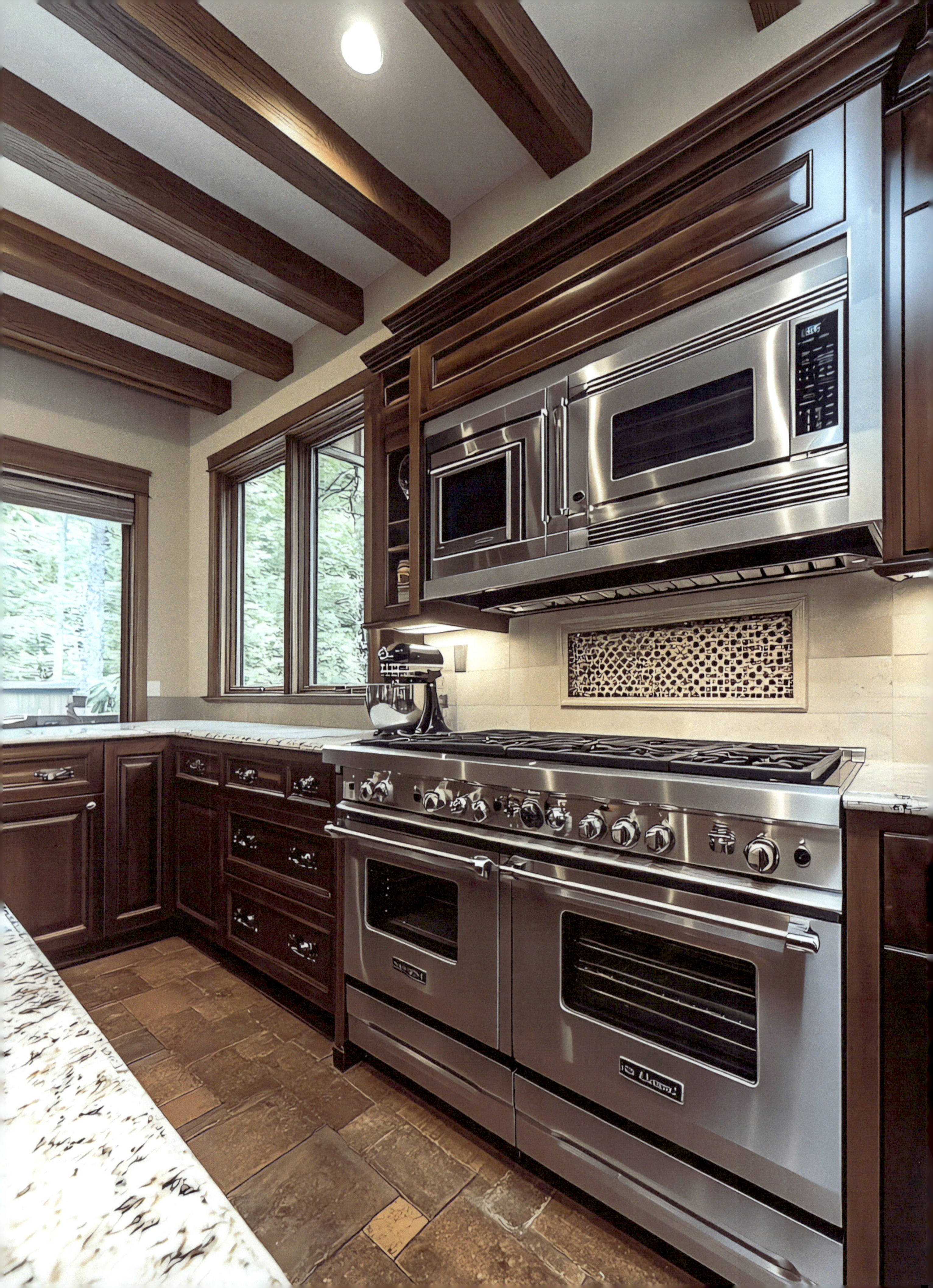

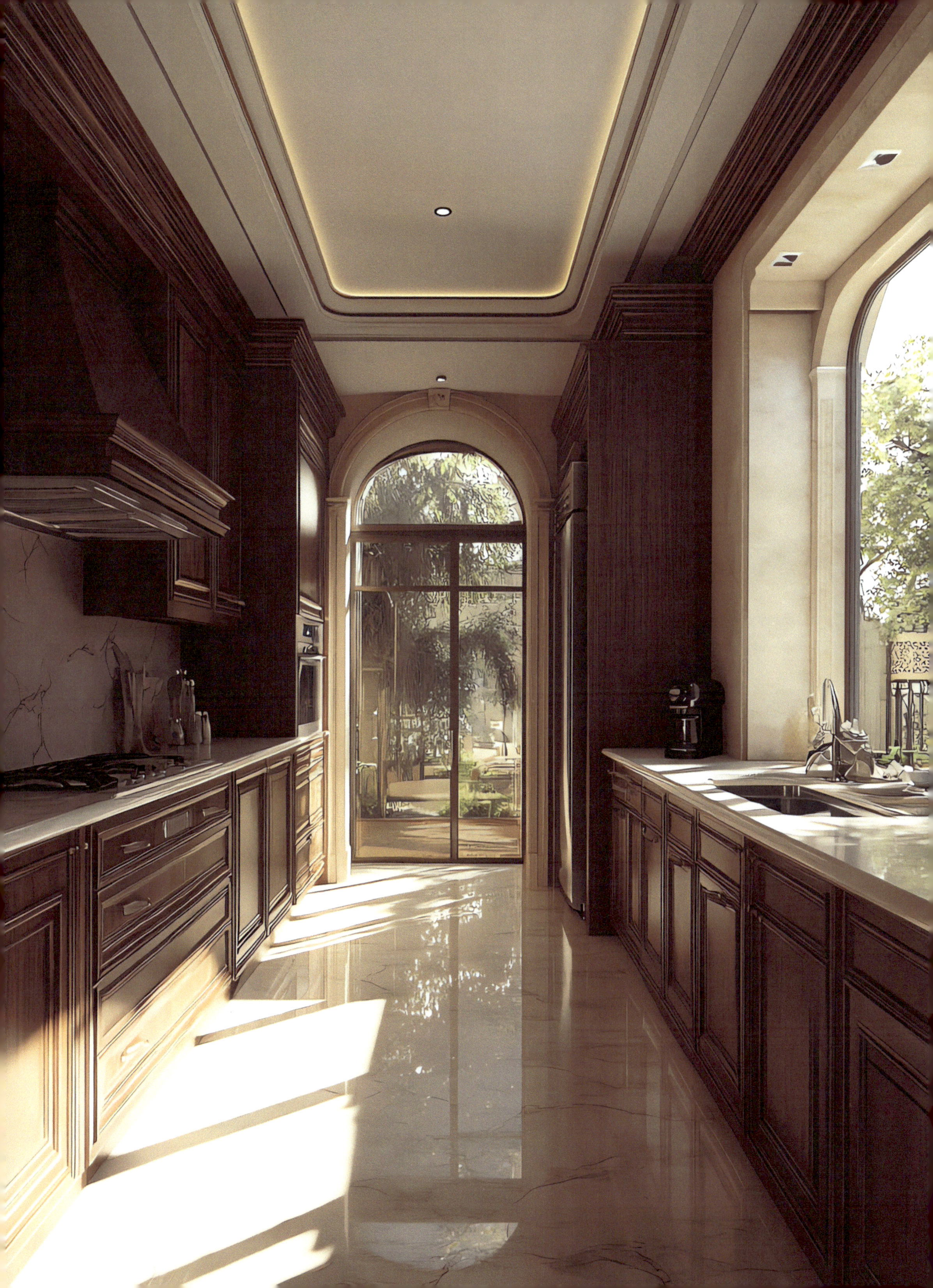

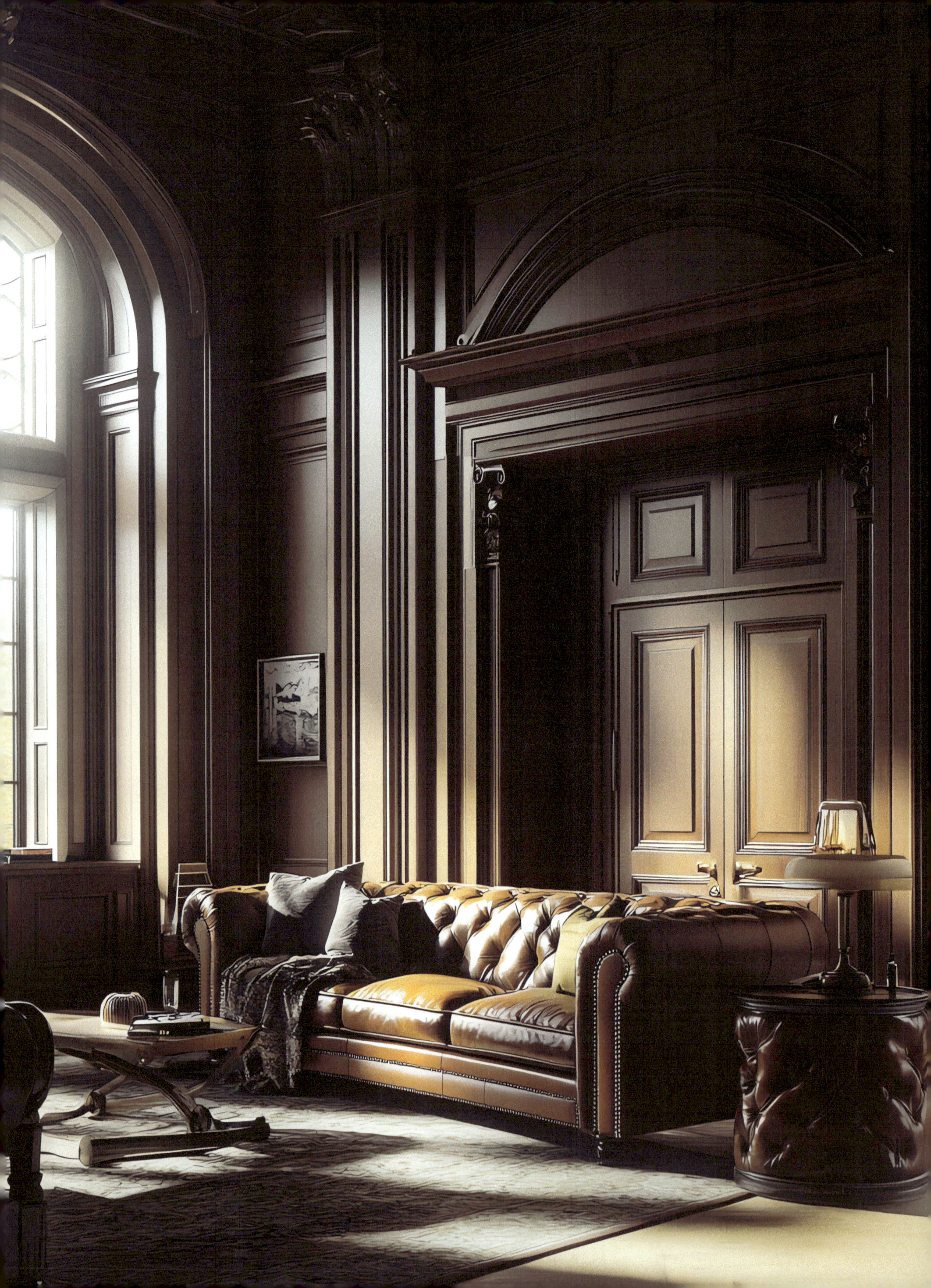

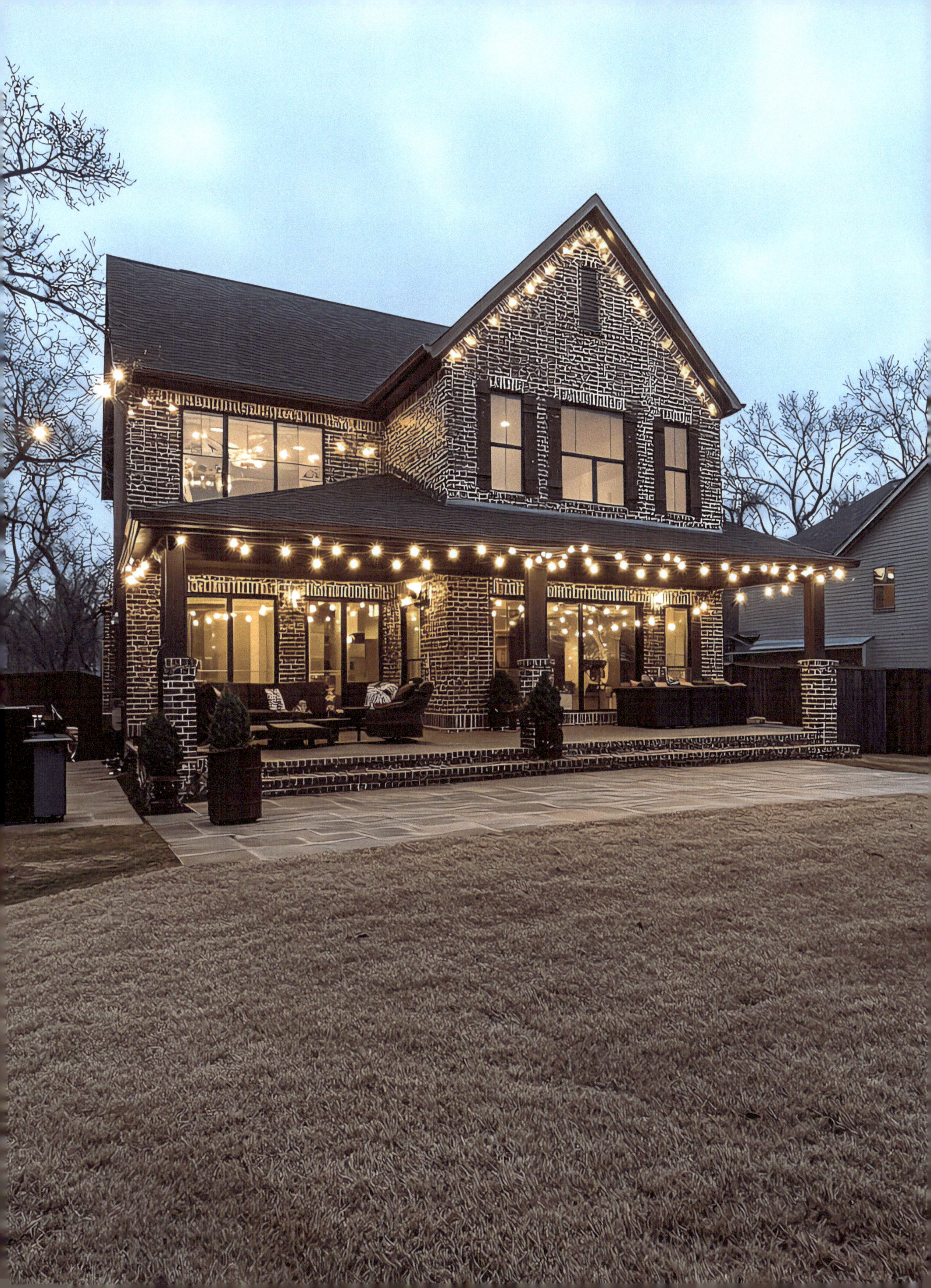

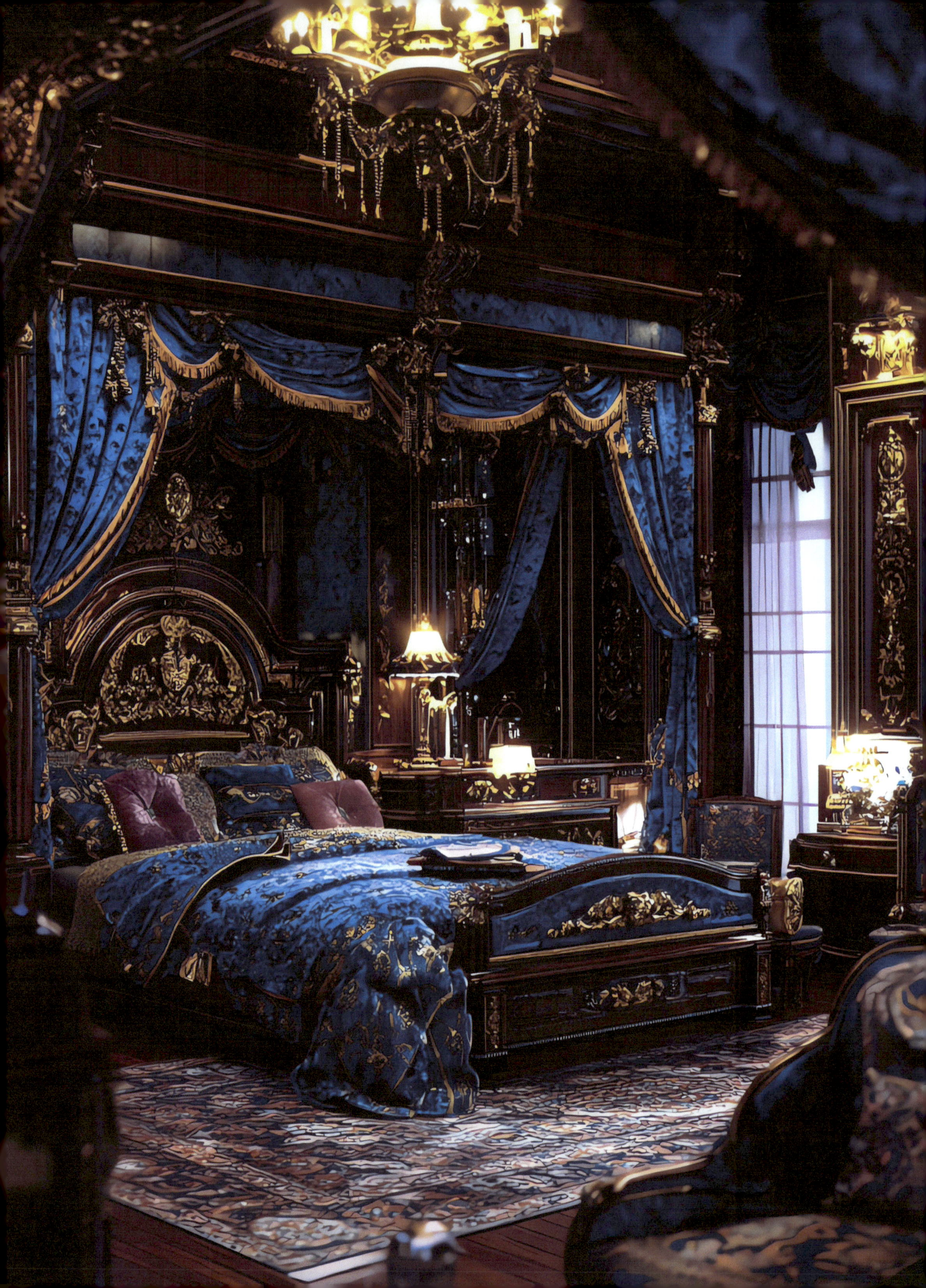

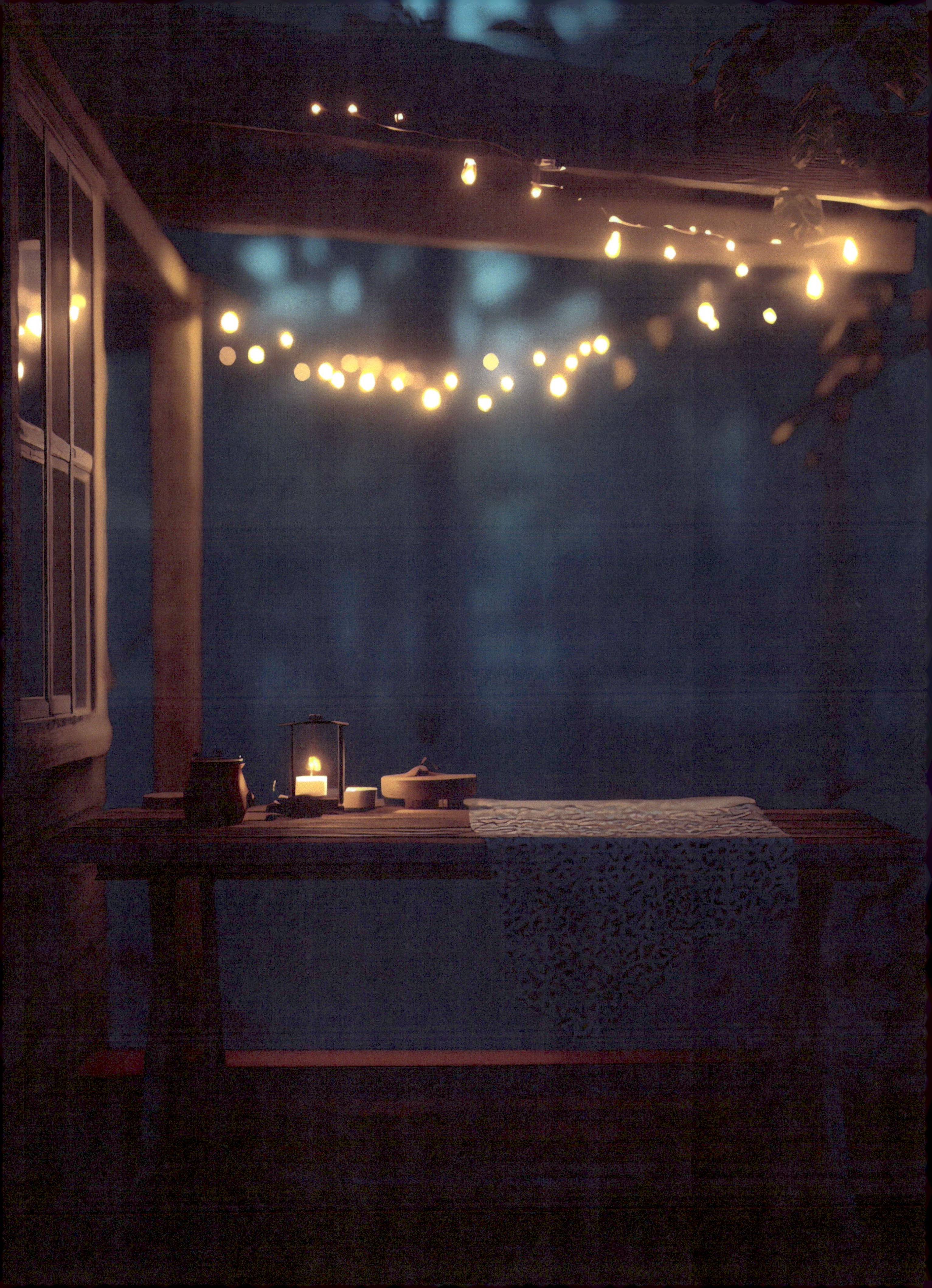

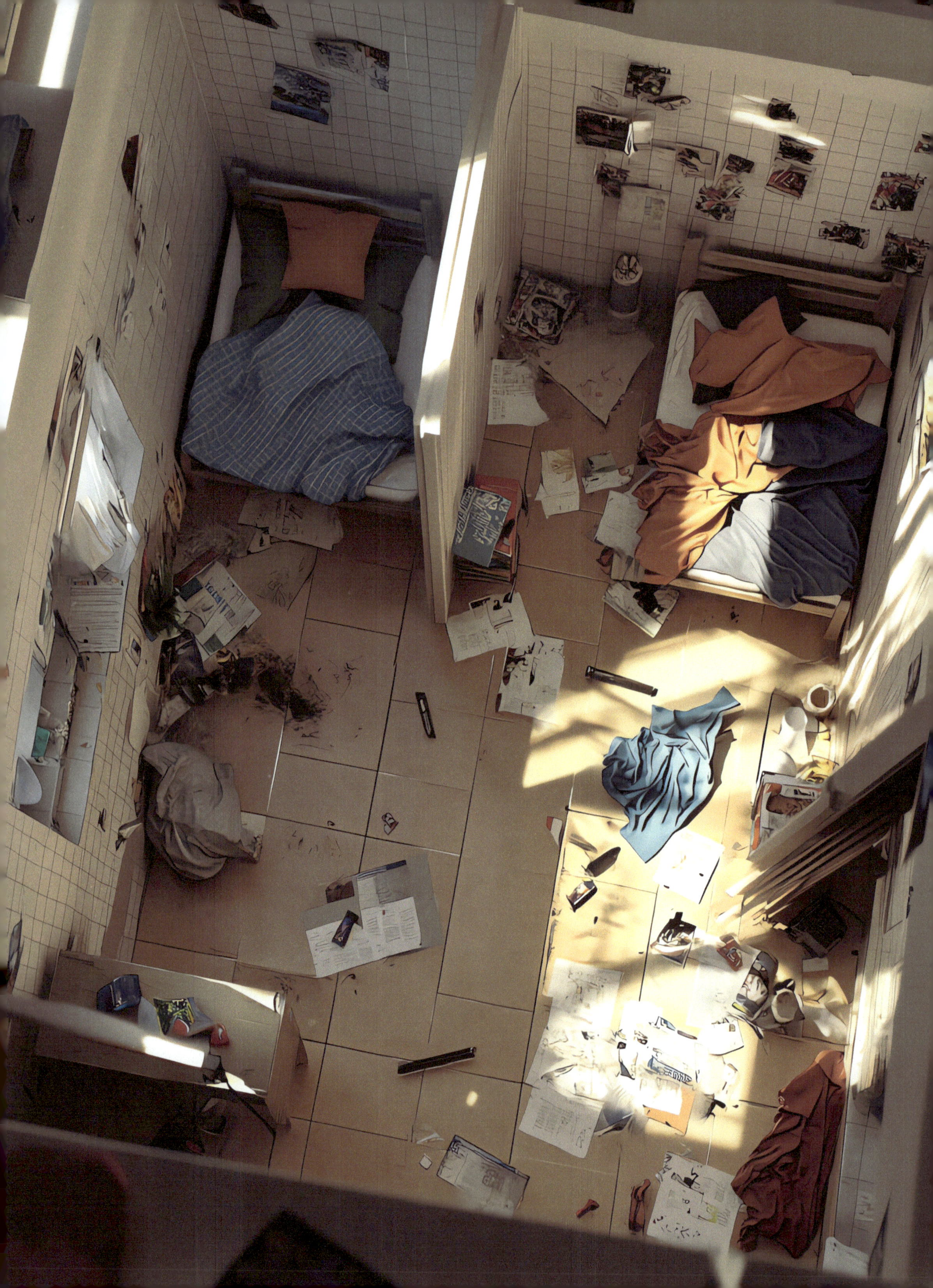

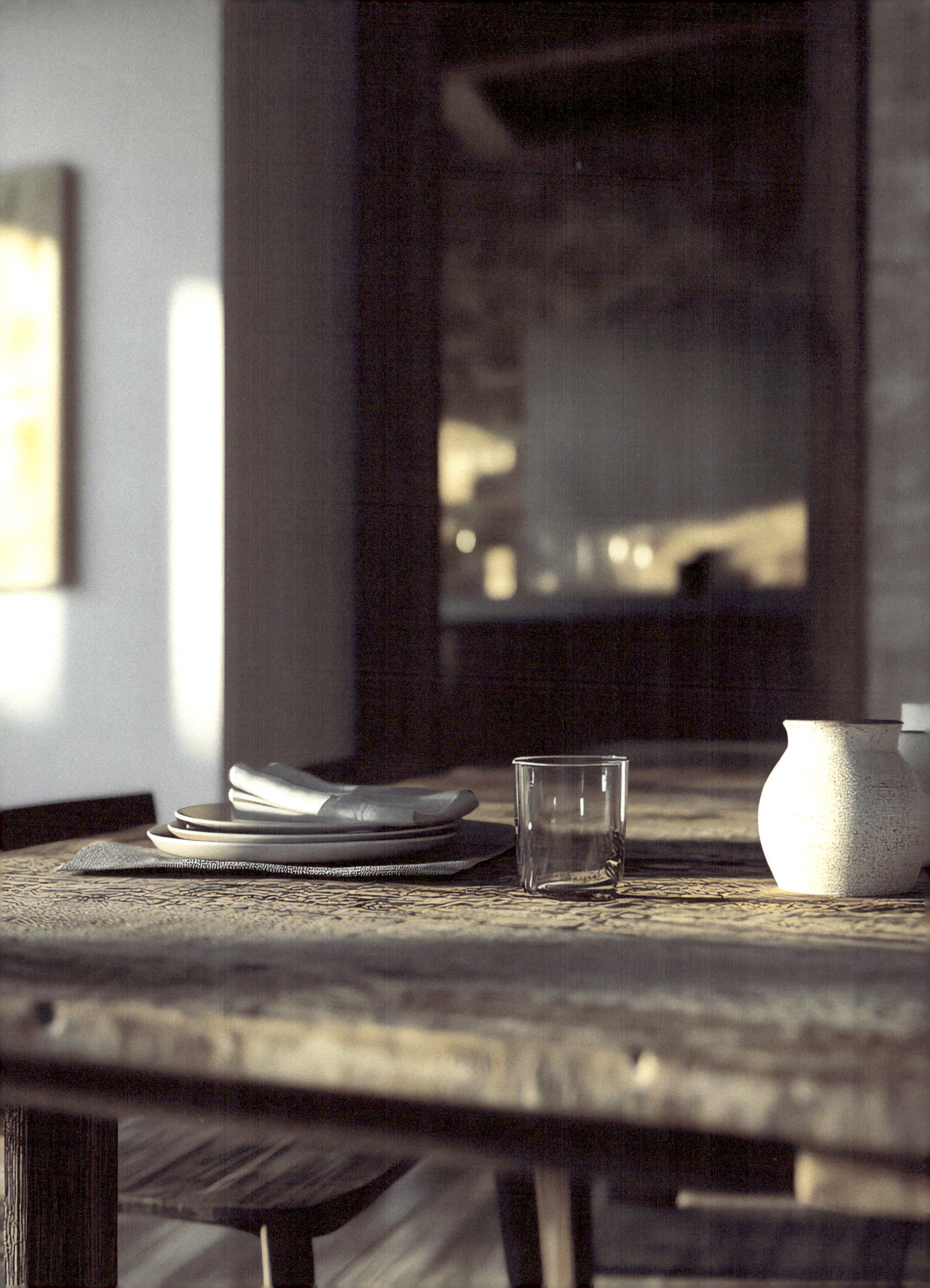

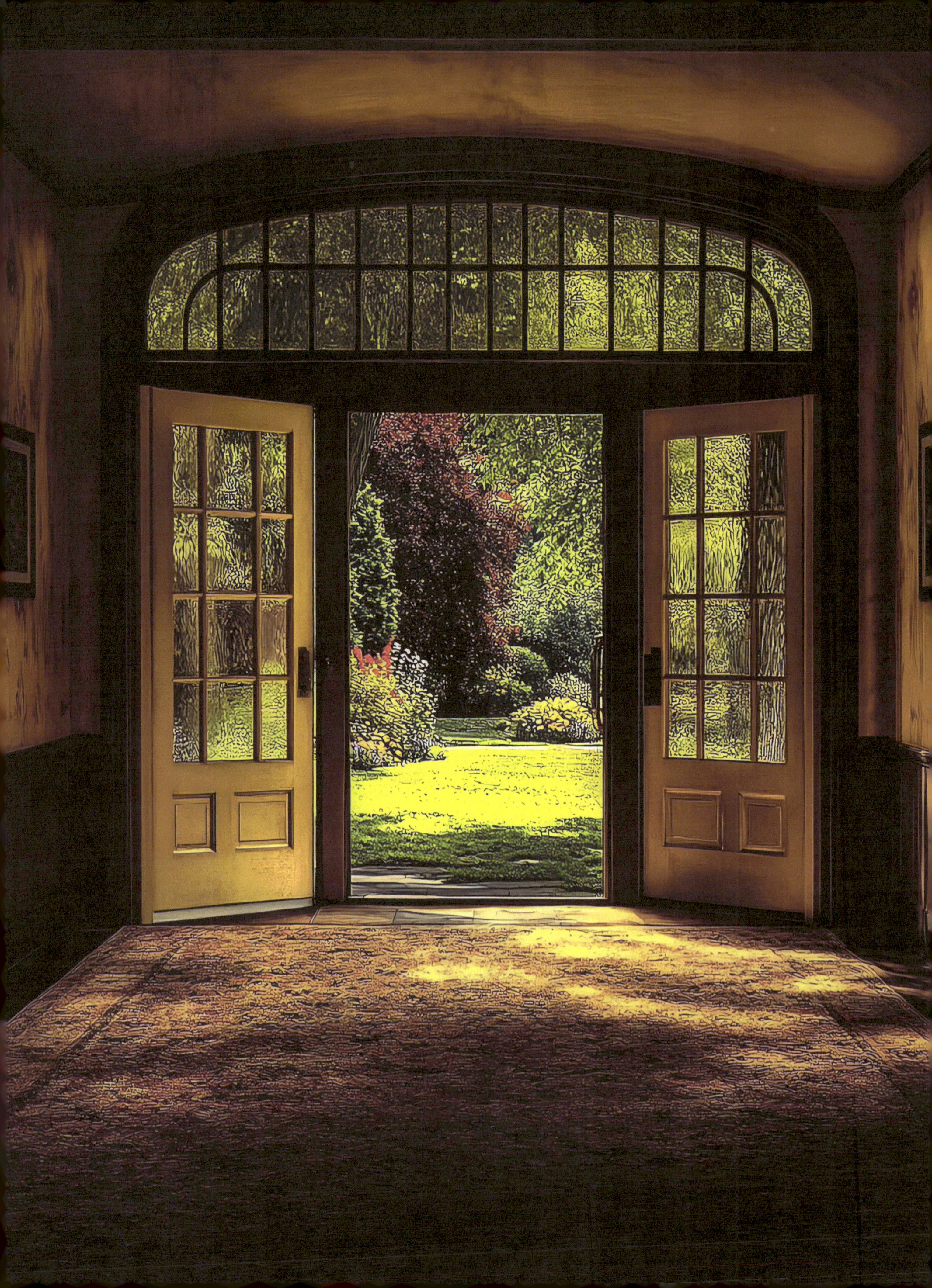

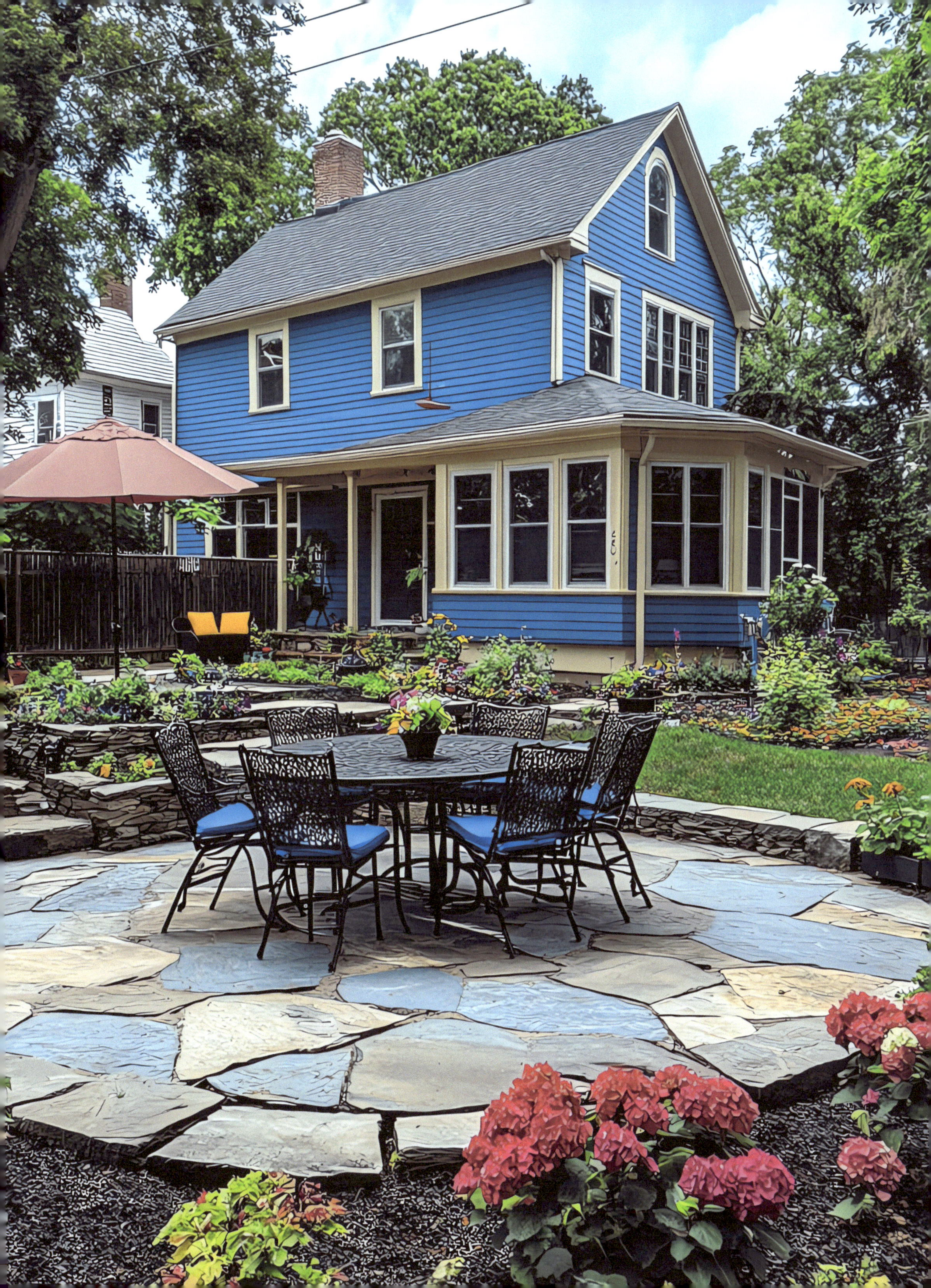

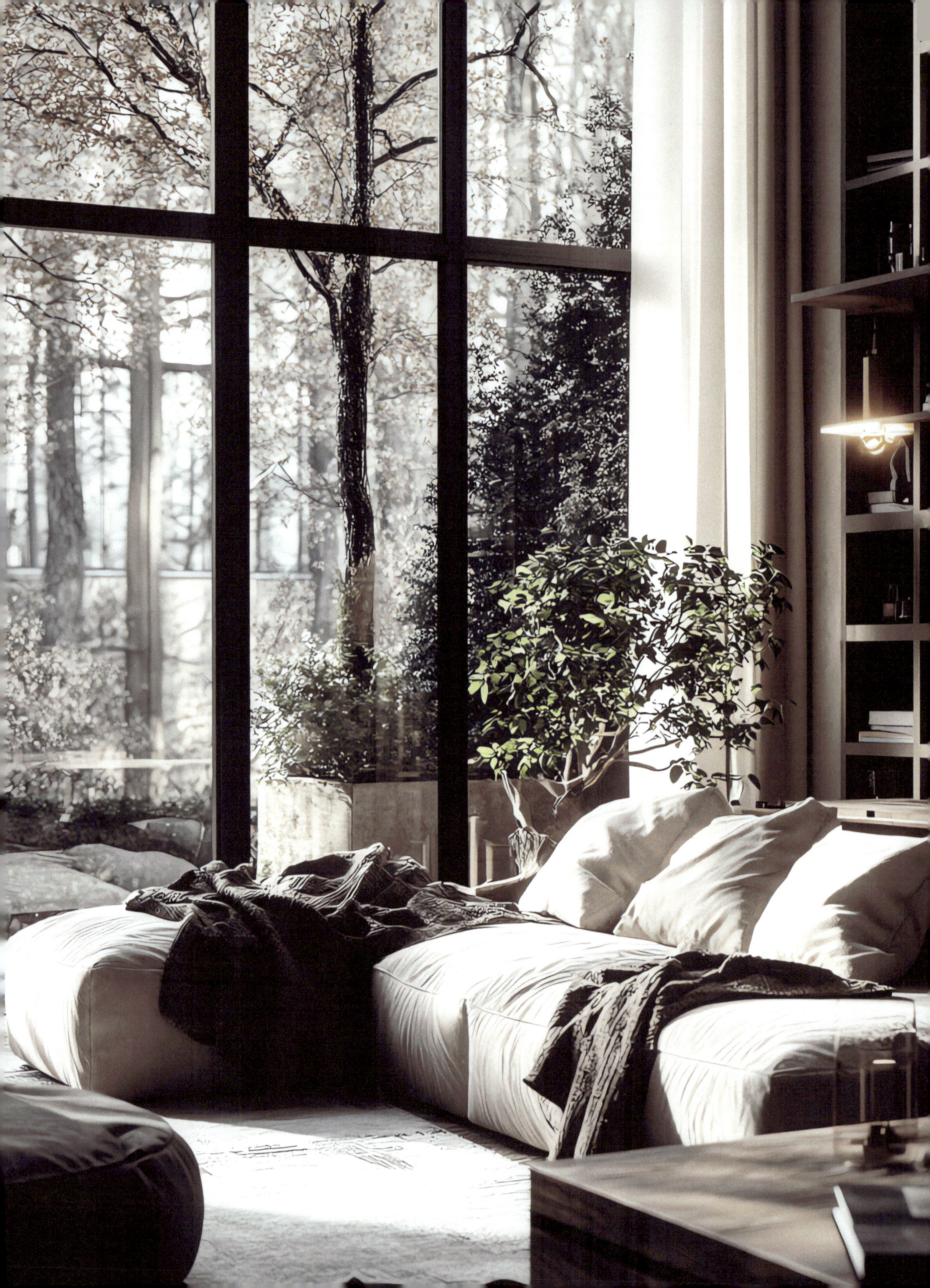

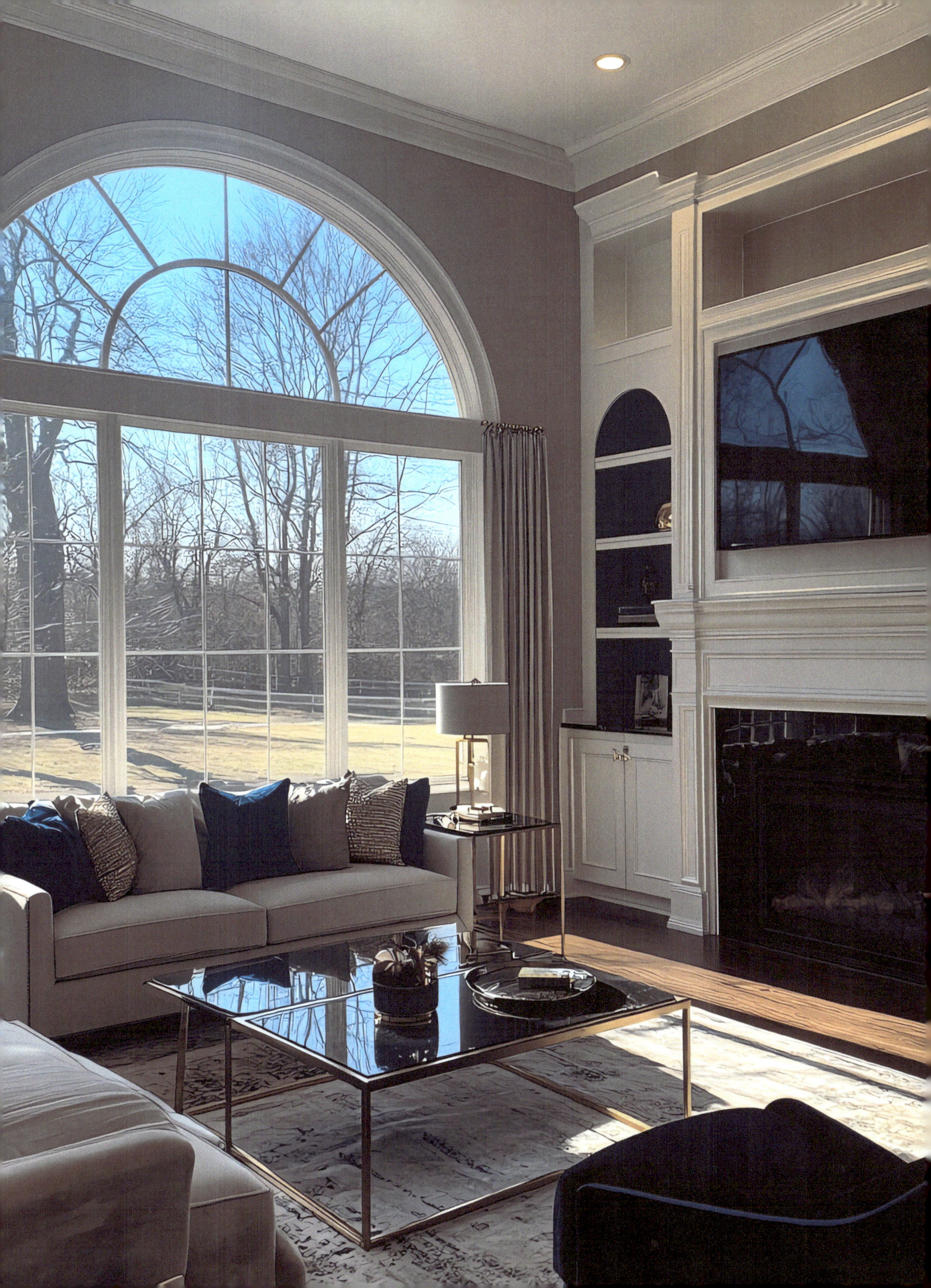

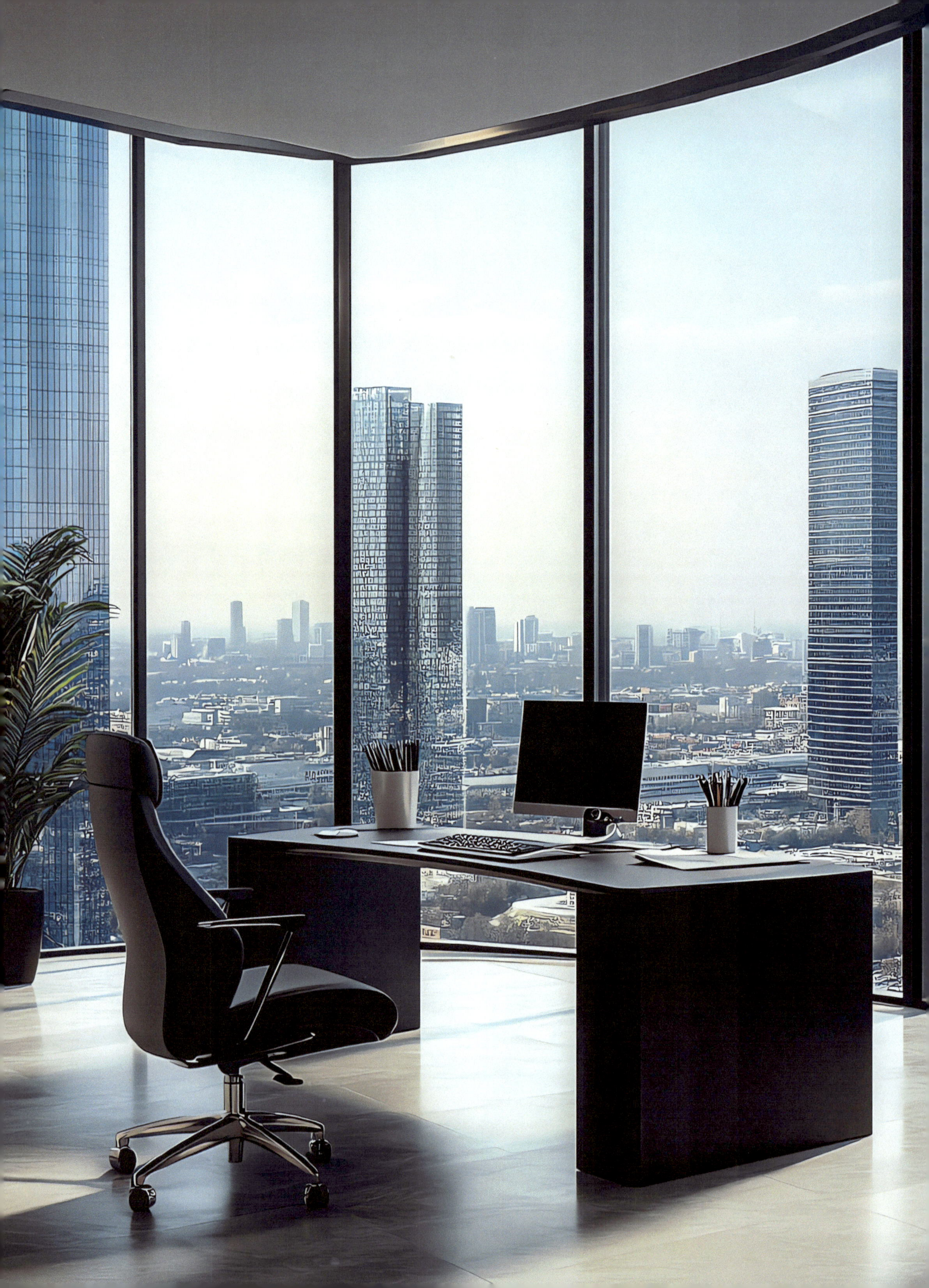

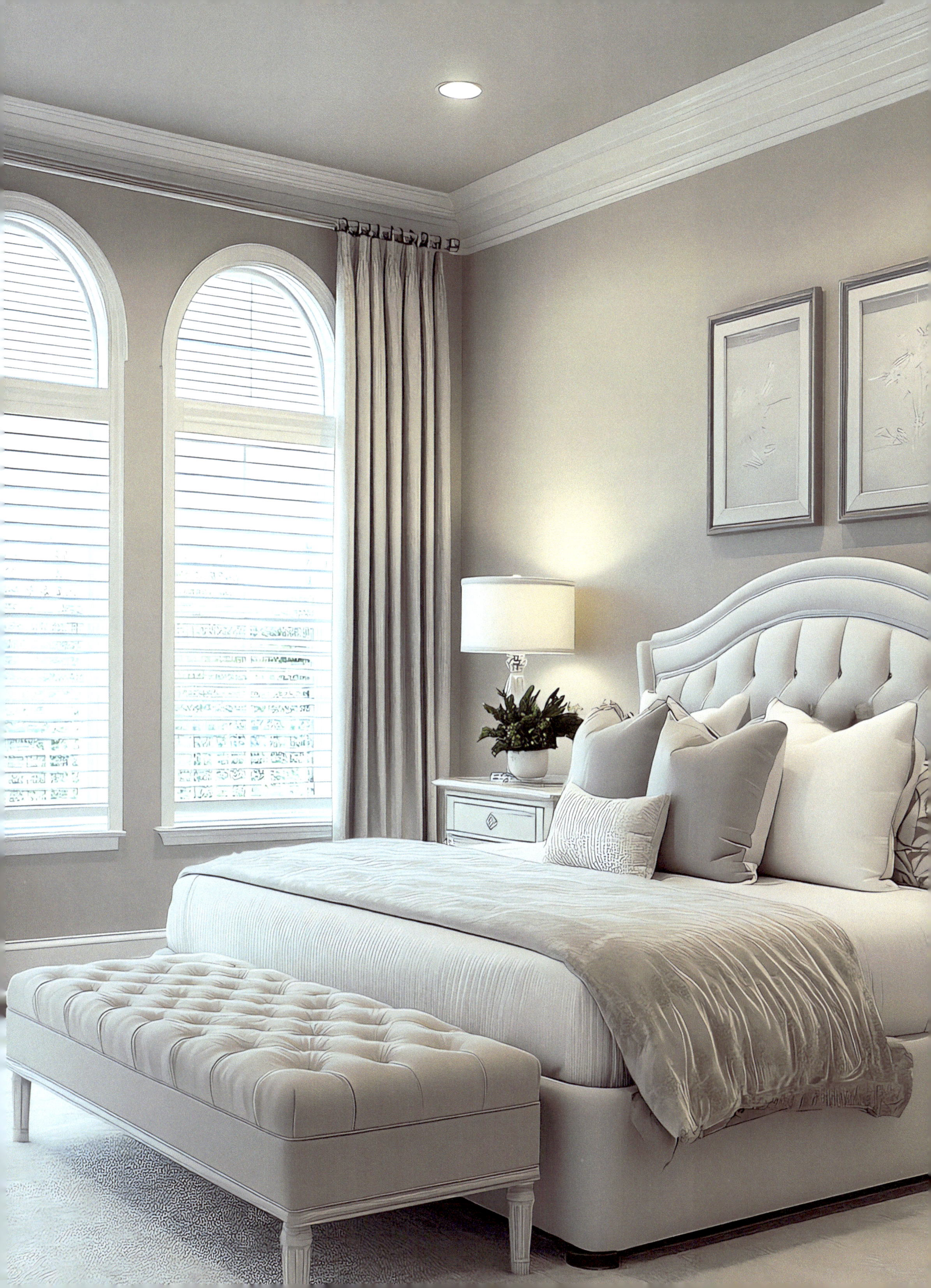

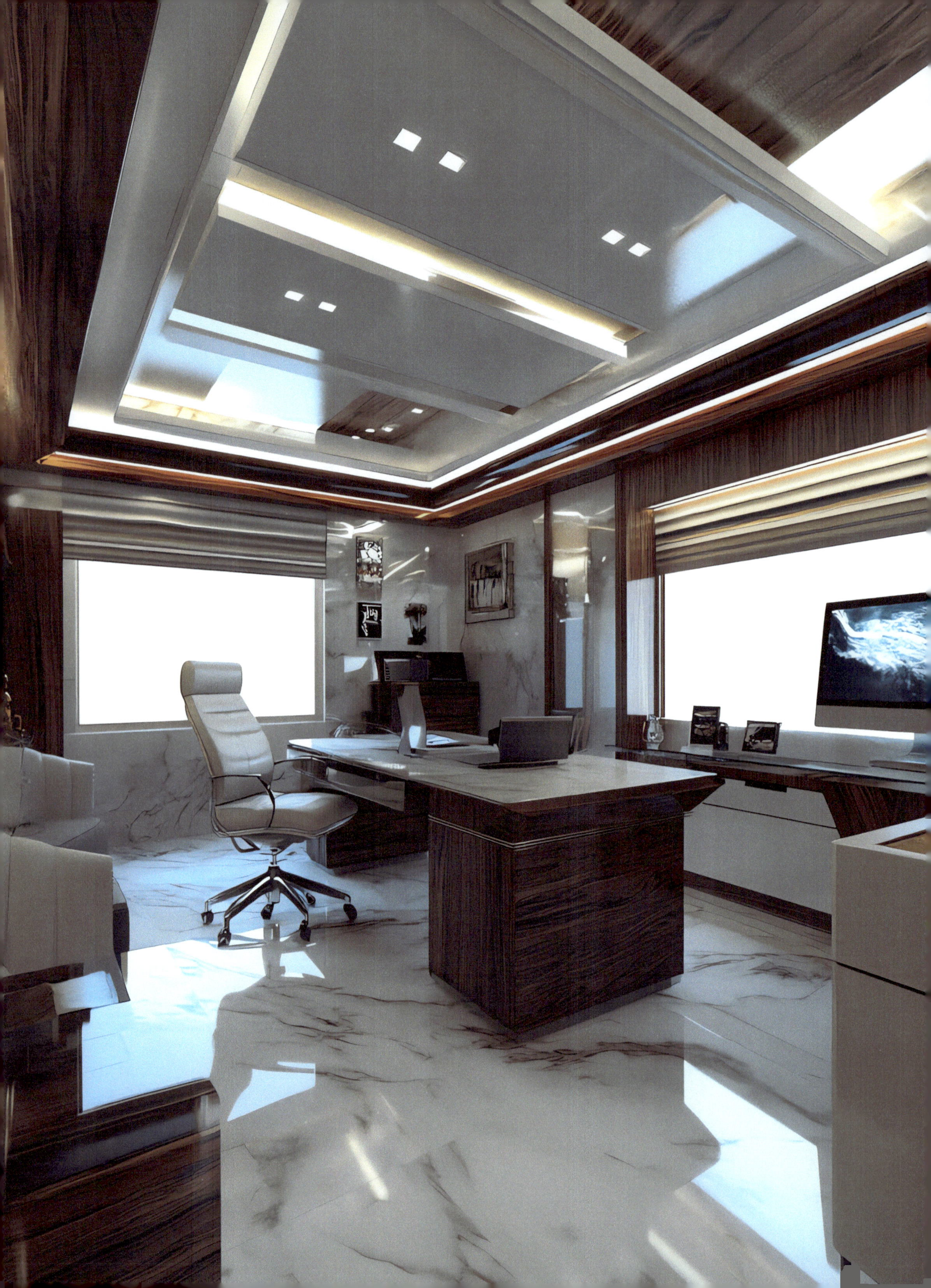

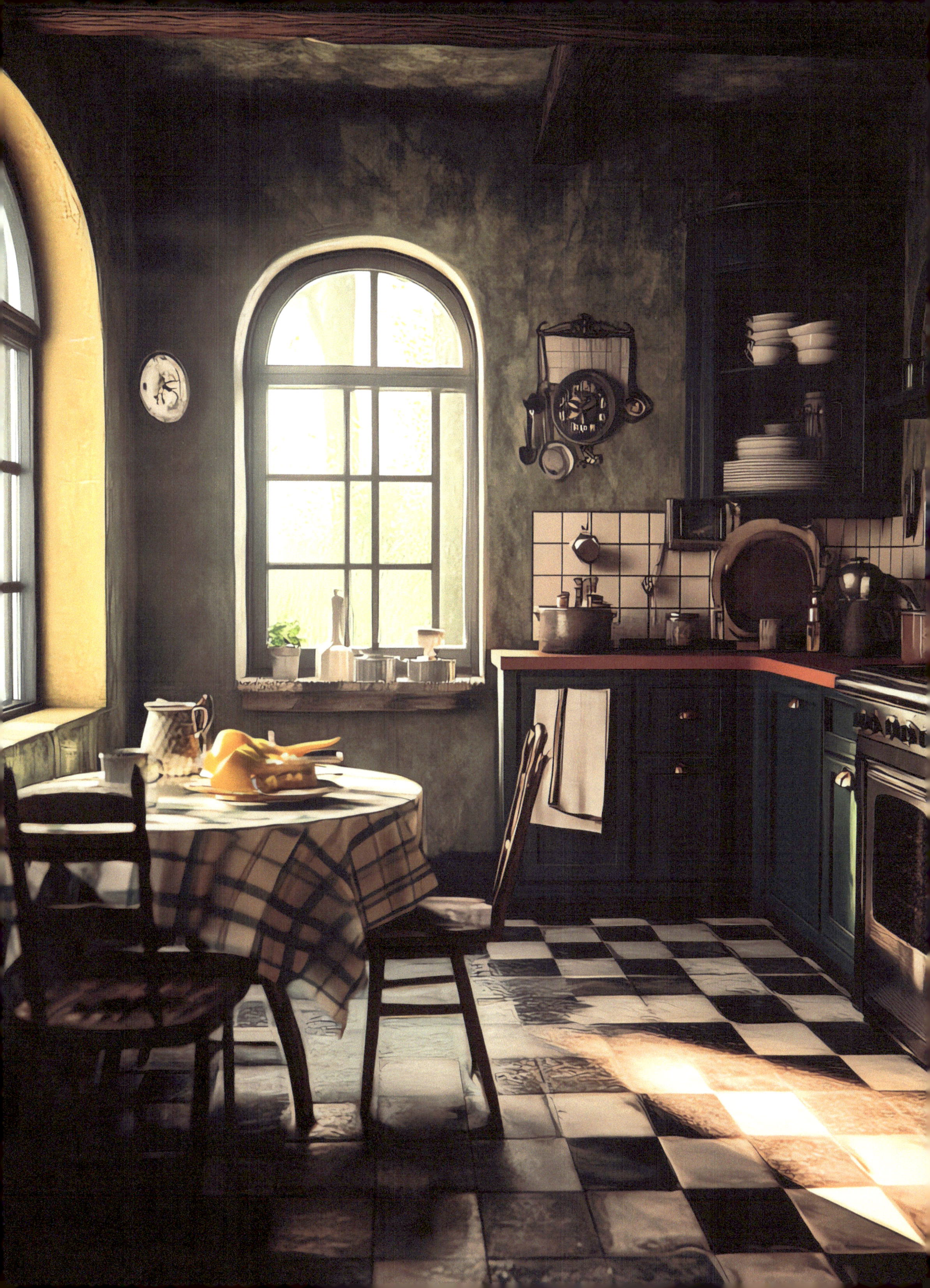

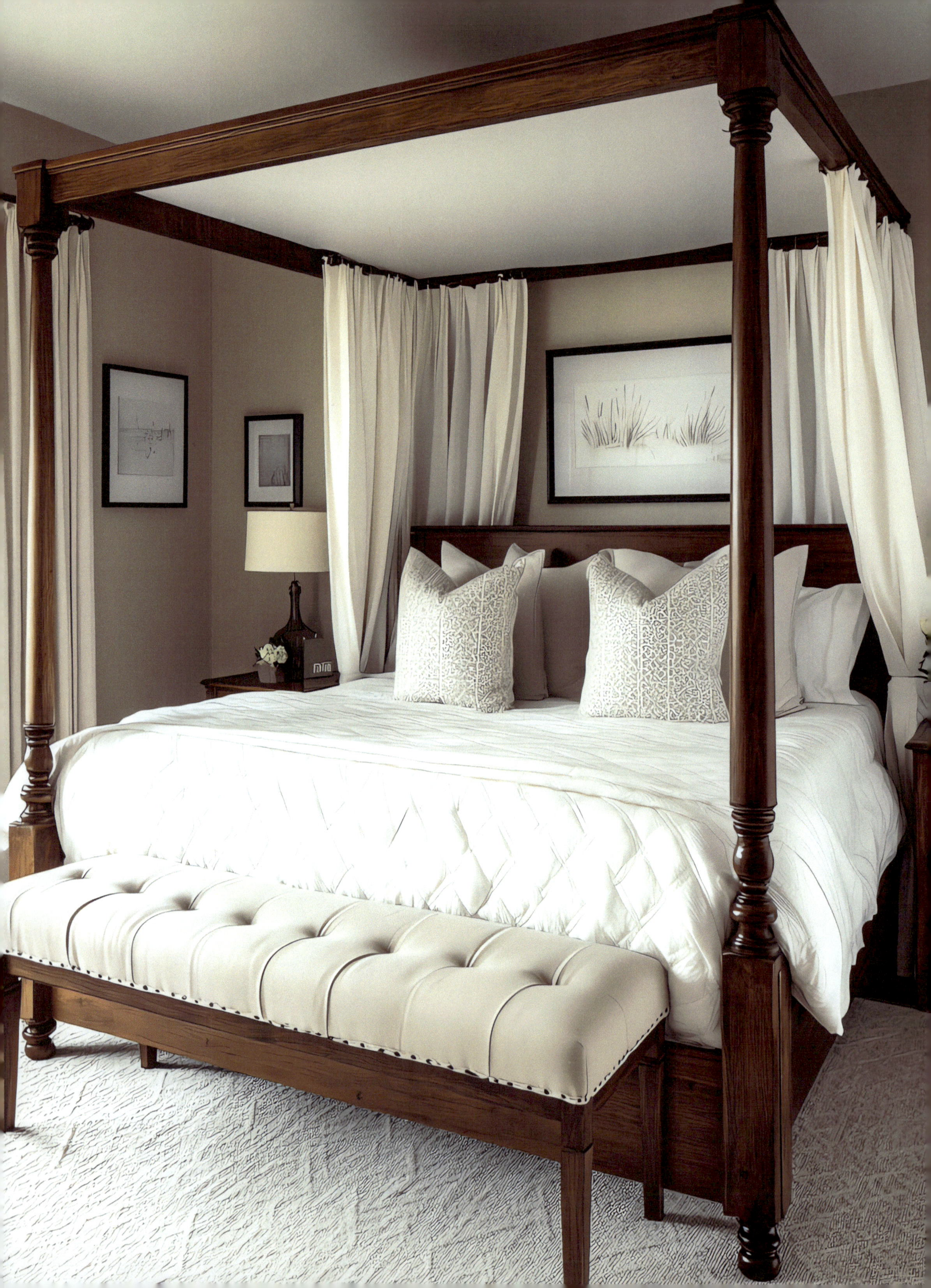

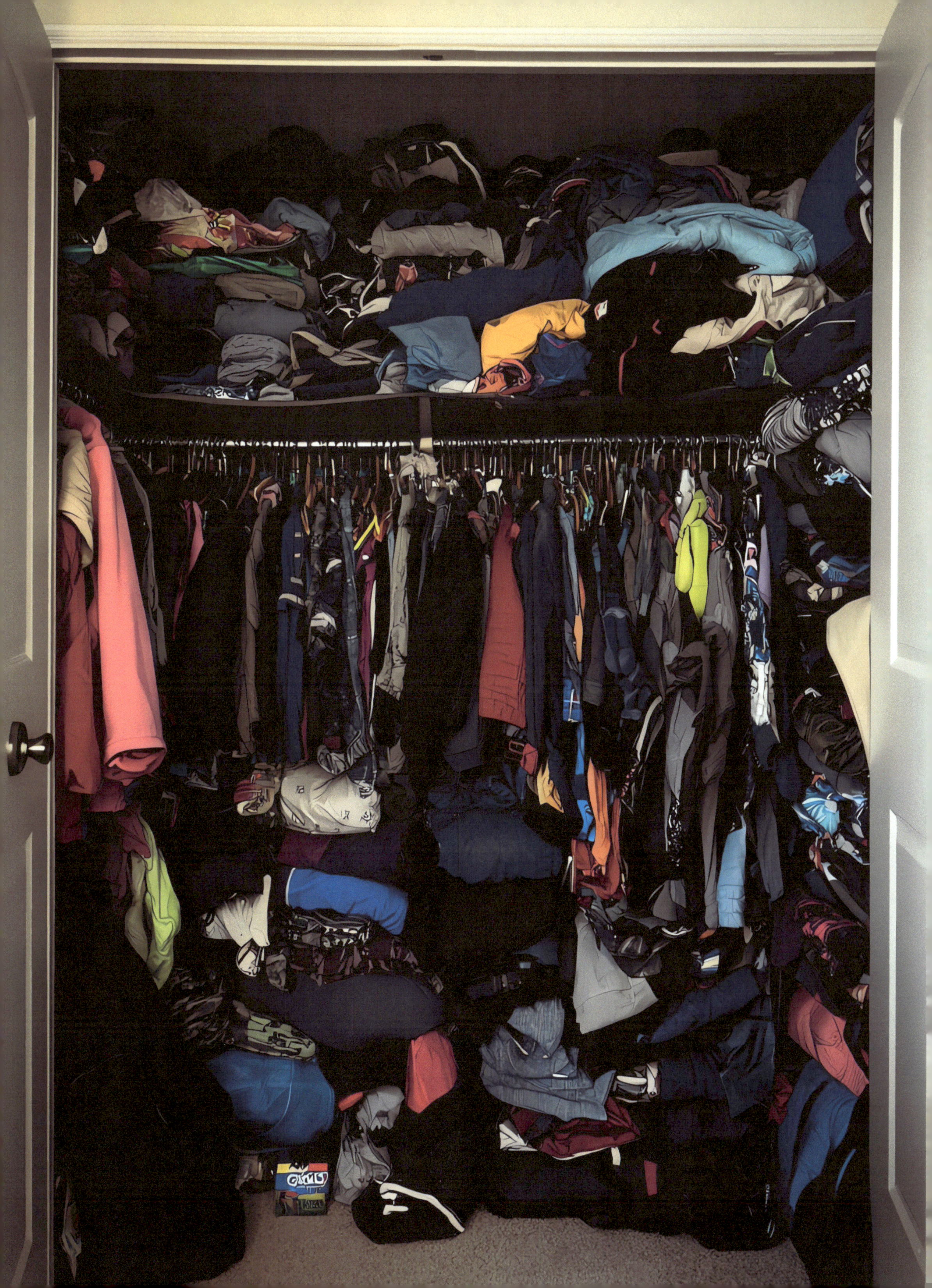

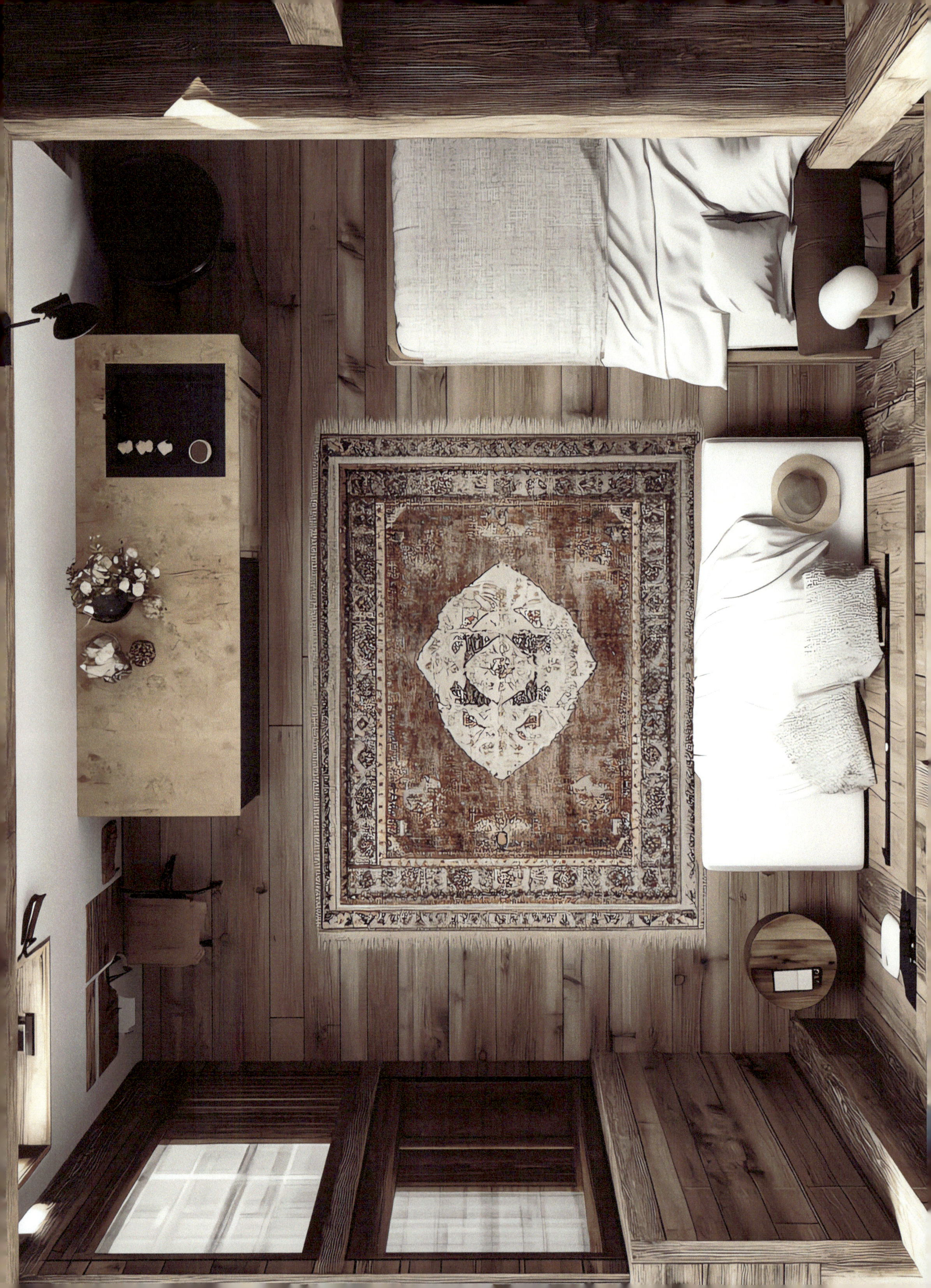

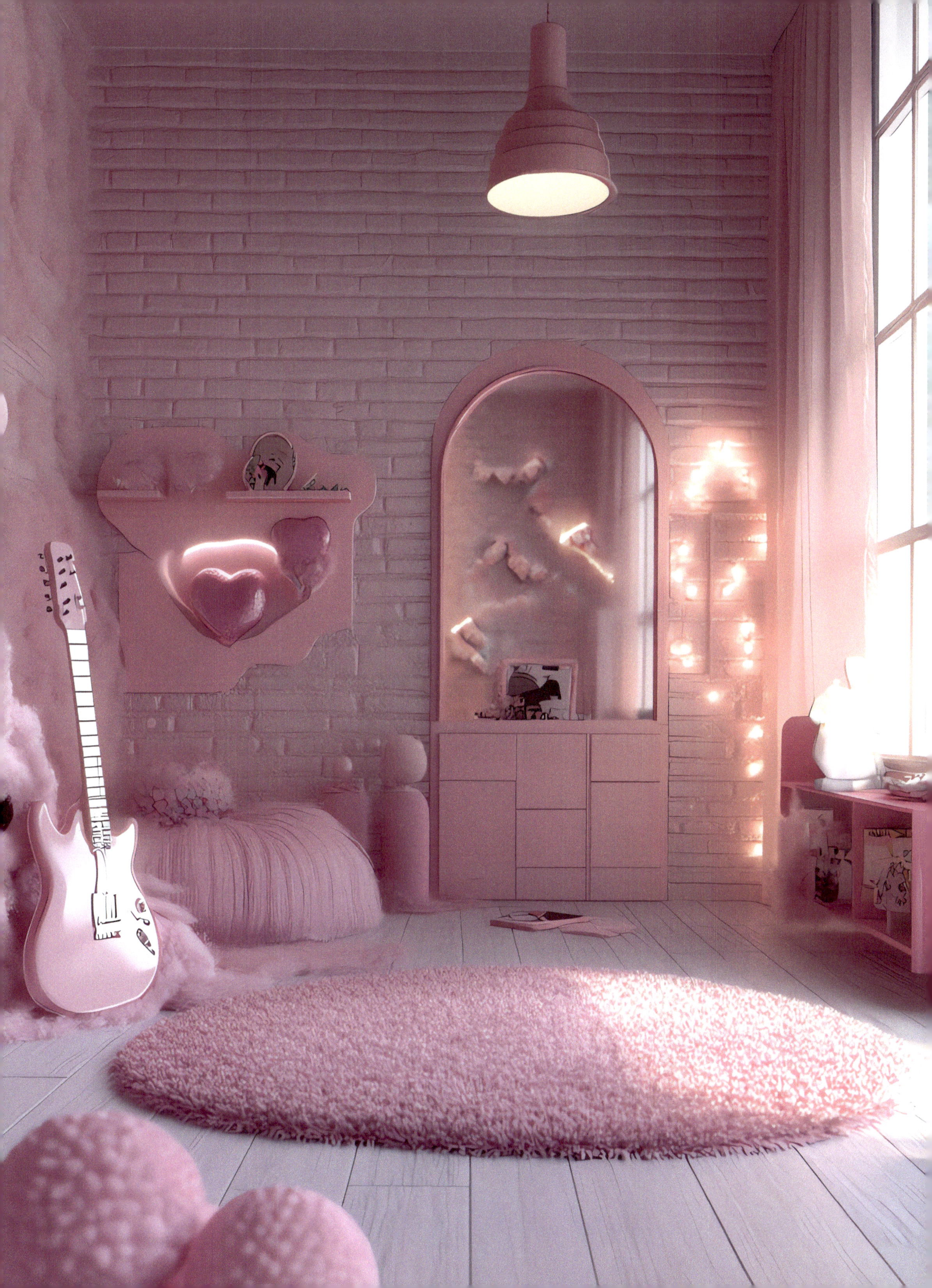

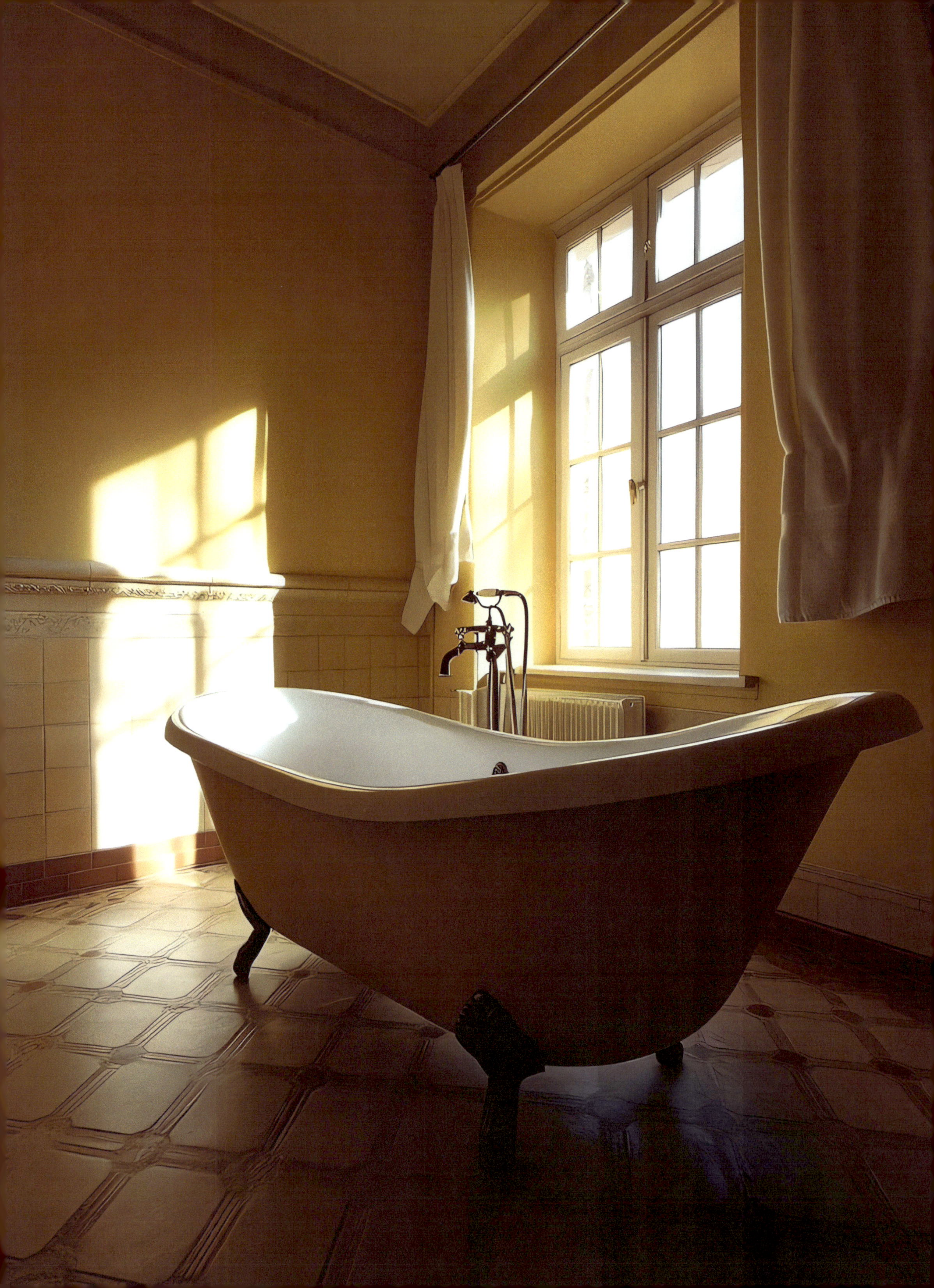

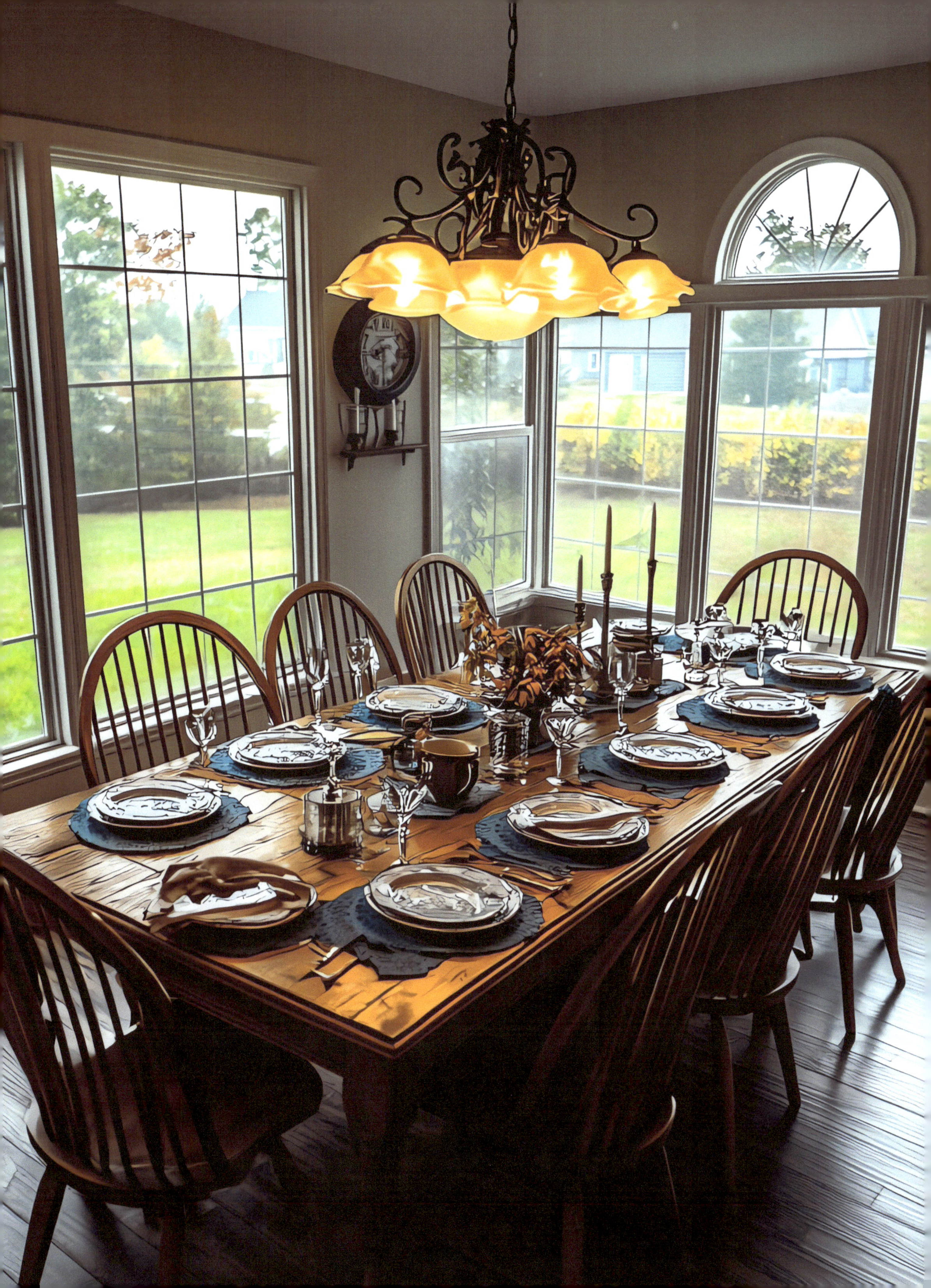

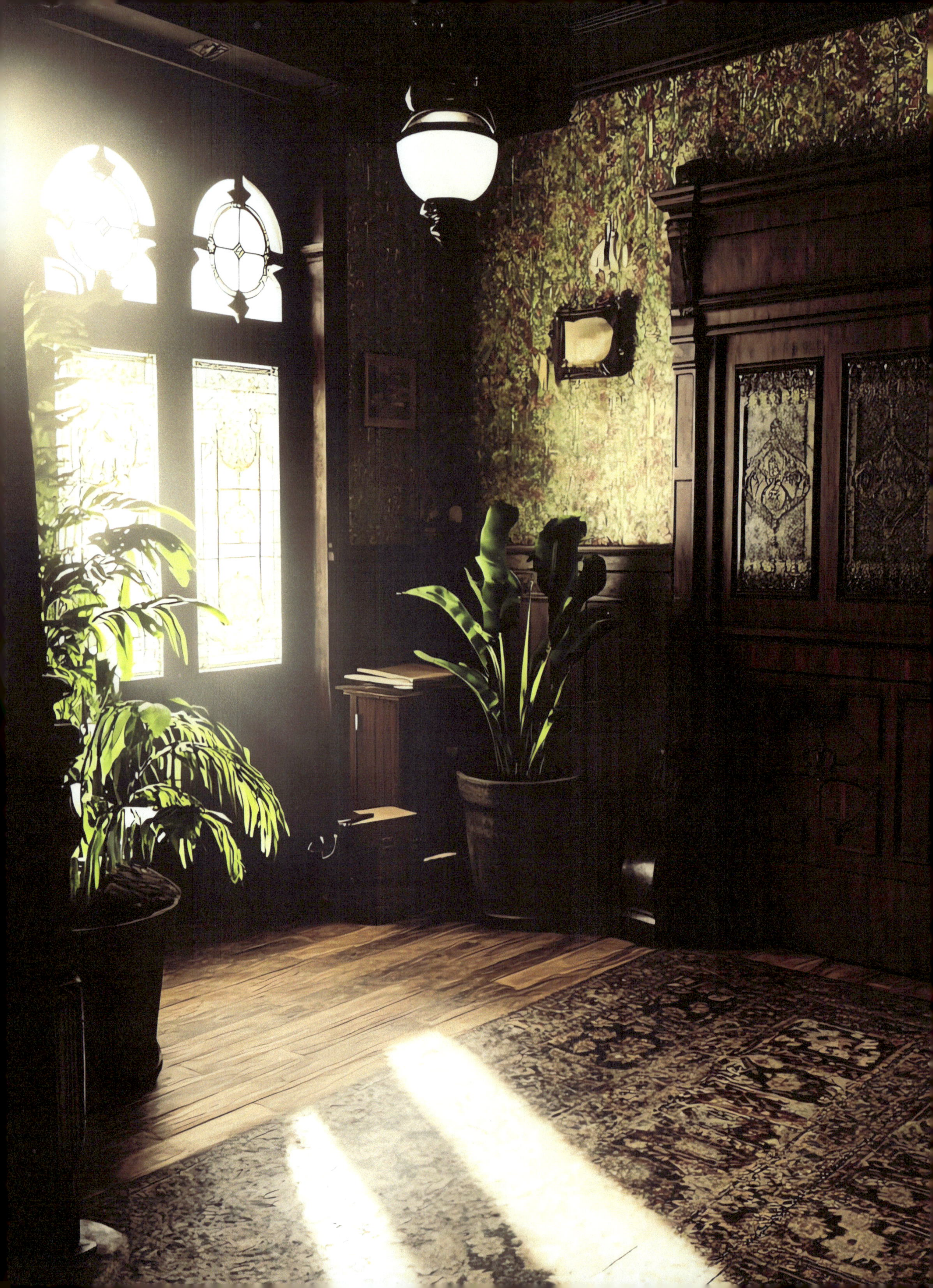

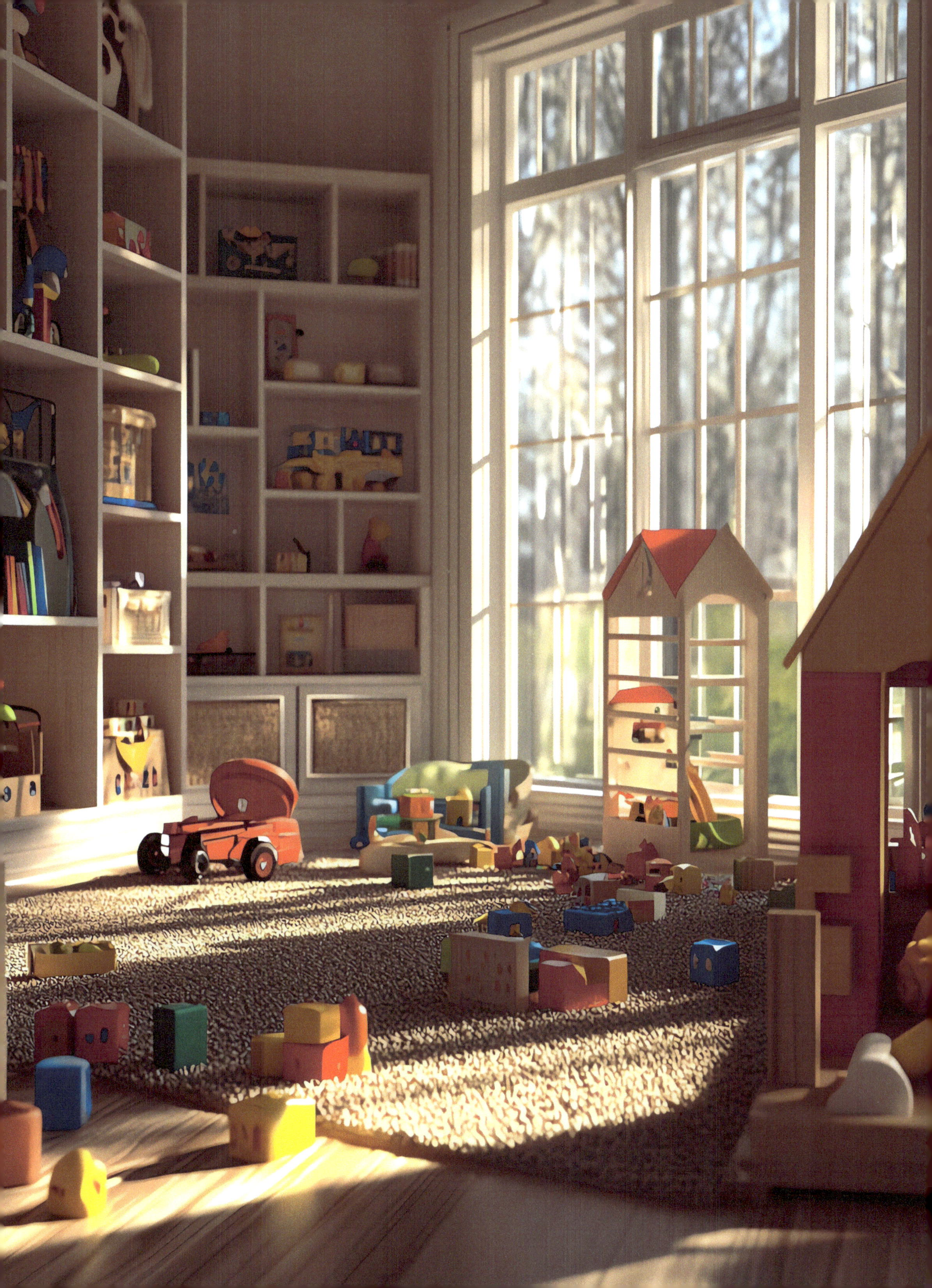

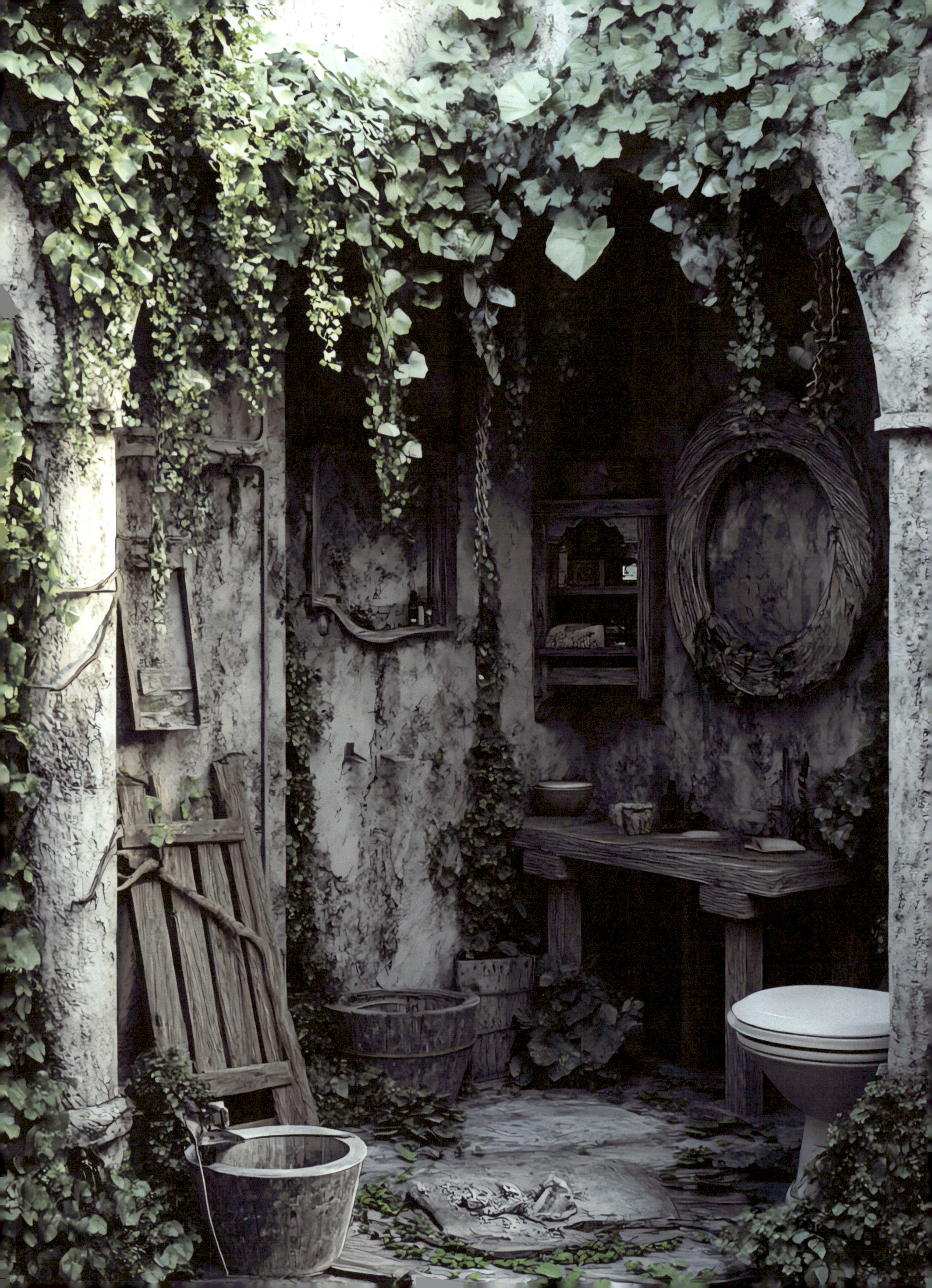

www.ingramcontent.com/pod-product-compliance
Lightning Source LLC
Chambersburg PA
CBHW040427220526
45473CB00004B/1367
* 9 7 9 8 3 0 3 3 6 0 1 2 9 *